KOSPI 5,000

투자의 대전환

한 번의 수익이 아니라, 시장에서 끝까지 살아남는
지속 가능한 투자를 위한 포트폴리오

KOSPI 5,000 투자의 대전환

유지윤 지음

BM 황금부엉이

대항해 시대의 서막,
'국장 탈출은 지능순'이라던 냉소의 시대는 끝났다

"국장 탈출은 지능순이다."

한때 투자자들 사이에서 유행가처럼, 아니 비명처럼 번지던 이 여섯 글자를 기억하십니까? 돌이켜 보면 그것은 단순히 자조 섞인 푸념이 아니었습니다. 우리 시장을 향한 깊은 절망과 배신감이 표출된 것에 가깝습니다. 대주주 배만 불리고 소액주주는 찬밥 신세인 '기울어진 운동장', 미국 증시가 천장을 뚫고 날아갈 때 지독한 박스권에 갇혀 꼼짝 못 하는 답답한 현실. 이 모든 게 뒤엉켜 "한국 주식은 답이 없다", "여기에 희망을 거는 건 바보짓이다"라는 거대한 패배주의를 만들었던 것입니다.

아픈 기억의 뿌리는 2021년으로 거슬러 올라갑니다. 당시 우리는 모두 동학개미였습니다. 팬데믹이라는 전대미문의 위기 속에서 막대한 자금으로 대한민국 증시를 떠받쳤고, 기어이 코스피 3,000 시대를 열어젖혔습니다. 하지만 영광의 시간은 너무 짧았습니다. 인플레이션 공포가 닥치자 미국 연준은 가차 없이 금리를 인상했고, 유동성이라는 모래 위에 쌓았던 희망의 성은 파도에 휩쓸리듯 무너졌습니다. 계좌의 환희는 고통으로, 기대는 절망으로 바뀌었습니다.

사실 지수가 하락하는 것보다 더 뼈아픈 것은 기업들의 행태였습니다. 핵심 사업부만 쏙 빼내 물적분할 후 재상장시키는 '주주 뒤통수치기'가 반복됐으니까요. "역시 헬조선 주식은 하는 게 아니다", "삼성전자 10만 원을 외치던 전문가들은 다 어디 갔나"라는 탄식이 터져 나온 것도 그 무렵입니다. 뜨거웠던 동학개미들은 싸늘하게 식은 서학개미가 되어 떠났고, 국장 탈출은 지능순이라는 말이 당연하게 보이는 슬픈 시대가 이어졌습니다.

그런데 2025년 10월 27일, 코스피가 마침내 4,000포인트라는 거대한 벽을 넘어서더니, 2026년 1월 22일에는 5,000포인트에 도달했습니다. 강조하고 싶은 것은 숫자 그 자체가 아닙니다. 지금의 5,000은 과거 2021년의 3,000과는 그 '질(Quality)'이 완전히 다르다는 점이 중요합니다. 2021년

이 돈의 힘 즉 과잉 유동성이 만든 일종의 광기였다면, 지금은 뼈아픈 학습과 처절한 구조적 변화 위에 쌓아 올린 견고한 확신입니다.

시장이 드디어 투자자들의 오랜 외침에 응답하기 시작한 것입니다. 소액주주들의 끈질긴 요구는 '기업 밸류업 프로그램'이라는 거대한 정책 변화를 끌어냈고, 후진적인 시장 규칙을 뜯어고치는 개혁의 방아쇠가 되었습니다. 만년 저평가에 시달리던 금융주와 지주사가 바닥을 단단히 다져주고, 조선·방산·원전 같은 K-제조업이 압도적인 실적으로 시장의 허리를 받쳤으며, AI 혁명의 파도를 탄 반도체 기업들이 5,000 고지 점령의 선봉에 섰습니다.

우리는 더 이상 과거의 실패에 갇힌 패배자가 아닙니다. 광기와 눈물의 터널을 통과하고, 스스로 새로운 시대의 문을 활짝 연 생존자들입니다. 2025년 이후의 신고가 경신은 단순히 계좌가 복구되었다는 의미가 아닙니다. 이것은 우리가 과거의 상처를 스스로 극복했다는 증명이자, 마침내 진정한 '코스피 5,000 시대'가 개막했음을 알리는 선언입니다. 고통스러웠던 어제가 있었기에 오늘의 성과가 가능했다는 사실을 절대 잊지 않을 것입니다.

★ ★ ★ ★ ★

차례

CHAPTER 1

K-증시 대전환, 새로운 판을 읽는 눈

CHAPTER 2

돈의 흐름을 따라가라

CHAPTER 5

탐욕과 공포를 다스려라

CHAPTER 6

부자의 그릇을 키워라

K-증시 대전환, 새로운 판을 읽는 눈

이재명 정부의
'기업 밸류업 프로그램' 완벽 해부

주식 시장에서 살아남기 위해 우리가 뼛속 깊이 새겨야 할 절대 불변의 법칙이 하나 있습니다. 바로 "돈의 흐름을 따라가라"라는 것입니다. 대한민국이라는 거대한 시장에서 그 거대한 물줄기를 결정짓는 가장 강력한 힘은, 다름 아닌 정부의 정책에서 나옵니다.

우리가 목표로 했던 코스피 5,000 시대가 열린 지금, 이 전인미답의 고지에서 정부의 강력한 의지를 읽어내는 건 단순히 뉴스를 챙겨 보는 차원이 아닙니다. 이건 앞으로 펼쳐질 부의 지도를 남들보다 먼저 손에 쥐느냐 마느냐가 달린 생존 문제입니다. 그리고 그 지도의 한복판, 가장 뜨거운 중심에 '기업 밸류업 프로그램'이 자리 잡고 있습니다.

많은 사람이 이 프로그램을 그저 "주가 좀 올려주려나 보다" 정도의 단순한 부양책으로 오해합니다. 뉴스에서 은행주나 지주사가 수혜주라며 떠들썩하니까 잠깐 지나가는 정책 테마로 보는 거죠. 정말 그렇다면 여러분은 지금 거대한 변화의 본질을 놓치는 중입니다.

단언컨대, 이 프로그램은 주사 한 방 놓고 마는 단기 처방전이 아닙니다. 이것은 대한민국 자본주의의 낡은 뿌리를 뽑아 그 근간을 바꾸는 대수술이자 구조 개혁이기 때문입니다. 지난 수십 년간 고착화한 "기업은 돈을 벌고 개미는 돈을 잃는다"라는 잘못된 부의 분배 공식을 깨부수는 완전히 새로운 시대의 서막이기도 합니다.

왜 이 개혁에 주목해야 할까요? 그 답을 찾으려면 먼저 우리의 환부를 정면으로 마주해야 합니다. 지긋지긋한 '코리아 디스카운트' 말입니다. 우리 기업들, 세계 시장 나가면 일류입니다. 최고의 제품을 만들고 막대한 돈을 쓸어 담습니다. 그런데 왜 주식 시장에만 들어오면 삼류 취급일까요?

지정학적 리스크? 물론 북한 문제가 없진 않지만 그건 핑계에 불과합니다. 진짜 원인은 훨씬 더 고질적이고 깊숙한 곳, 바로 우리 내부에 있습니다. 주주보다는 대주주 일가의 이익을 최우선으로 삼는 후진적인 기업 지배구조가 문제입니다.

기업들은 엄청난 이익을 내고도 주인인 주주들과 나누는 '배당'에는 인색하기 짝이 없습니다. 대주주가 소유한 다른 개인 회사를 챙겨주느라 멀쩡한 상장사의 자원을 빼돌리는 '일감 몰아주기'는 또 얼마나 빈번했습니까? 결정적으로 회사가 좀 커졌다 싶으면 핵심 사업부만 쏙 빼서 별도로 상장시키는, 이른바 '쪼개기 상장'으로 주주들을 바보로 만드는 일이 반복되었습니다.

이런 기울어진 판에서 어떤 제정신인 투자자가 제값을 쳐주겠습니까? "내가 투자한 회사가 돈을 벌어도 내 몫은 없다"라는 불신이 팽배해

질 수밖에 없었습니다. 이것이 바로 지난 수십 년간 외국인과 우리 개미 투자자 모두가 실망하면서 떠나게 만든 코리아 디스카운트의 진짜 얼굴입니다. 이재명 정부가 밀어붙이는 기업 밸류업 프로그램은 바로 이 비정상적인 구조를 바로잡겠다는 구체적이고 강력한 해법입니다.

방식은 매우 정교합니다. 우선 기업들이 PBR이나 ROE 같은 핵심 성적표를 투명하게 공시하고, 앞으로 주주가치를 어떻게 끌어올릴지 구체적인 계획을 의무적으로 발표하게 했습니다. 입으로만 주주 친화를 외치지 못하게 만든 거죠. 여기서 끝이 아닙니다. 확실한 당근과 채찍을 들었습니다. 기업이 번 돈을 내부에 쌓아두기만 하면 세금으로 불이익을 줍니다. 반대로 배당을 늘리거나 자사주를 소각하는 등 주주에게 이익을 적극적으로 돌려주는 기업에게는 파격적인 세제 혜택을 안겨줍니다.

여기에 더해 그렇게 변화하는 기업을 믿고 장기 투자하는 우리 같은 주주들에게는 배당소득 분리과세 같은 실질적인 보너스까지 제공합니다. 단타 치는 투기꾼이 아니라, 기업과 함께 성장하는 진정한 동반자들이 대우받는 환경을 기어이 만들겠다는 의지인 겁니다.

투명한 정보 공개로 책임을 묻고, 세제 혜택으로 기업의 곳간을 열게 하며, 그 과실을 나누는 장기 투자자를 우대하는 시스템. 이 삼박자가 맞아떨어지면 시장은 변할 수밖에 없습니다.

기업 밸류업 프로그램의 진짜 의미는 주가를 잠깐 띄우는 것이 아니라, K-증시의 고질적인 문제점을 수술하여 건강한 시장 구조를 만드는 것입니다. 이 개혁이 성공적으로 자리 잡았을 때, 비로소 우리 증시는 전 세계 자본이 신뢰하고 투자하는 선진 시장으로 거듭날 것입니다. 코스피 5,000 시대는 그 구조적 변화 중에 찾아온 너무나 당연하고 필연적인 결과입니다.

상법 개정, 왜 이사의 주주 충실 의무가 모든 것의 시작인가?

"밸류업 프로그램이요? 그거 결국 자사주 소각이랑 배당 늘리라는 거 아닌가요?"

밸류업 프로그램이라고 하면 단순히 '자사주 소각'이나 '배당 확대' 같은 걸 떠올릴 수 있습니다. 물론 틀린 말은 아닙니다. 당장 내 통장에 꽂히는 배당금과 줄어든 주식 수는 주주가치가 올라갔다는 가장 확실한 증거니까요. 하지만 우리는 그 행동의 이면에 있는 뿌리를 봐야 합니다. 기업들이 왜 갑자기 주주 눈치를 보게 되었는지, 그 의사결정 구조를 뜯어고친 거대한 생각의 변화를 이해해야 한다는 말입니다.

변화의 진원지에는 '상법 개정', 구체적으로는 '이사의 충실의무 대상에 주주까지 포함한다'라는 것이 있습니다. 이것은 단순한 법 조항 수정이 아닙니다. 밸류업이라는 거대한 건물을 떠받치는 가장 중요한 기둥이자, 대한민국 증시가 다시는 과거의 후진적인 늪으로 빠지지 않게 막

아주는 강력한 법적 안전장치입니다. 이 근본적인 변화를 읽어내는 사람만이, 앞으로 시장에서 살아남을 기업과 사라질 기업을 누구보다 먼저 가려낼 수 있습니다.

이 법이 왜 그토록 중요한지 이해하려면 뼈아픈 기억을 소환해야 합니다. 악명 높은 '물적분할 사태' 말입니다. '배임'이 거의 인정되지 않는 판에서 경영진은 사실상 면죄부를 받아왔습니다.

과거 일부 기업들은 회사의 알짜배기 사업부만 쏙 떼어 자회사를 만들어 따로 상장하곤 했습니다. 그 결과 껍데기만 남은 모회사의 주가는 곤두박질쳤고, 그 피해는 고스란히 우리 소액주주들이 떠안아야 했죠. 반면 신규 상장된 자회사의 이익은 대주주와 소수 기관의 잔치가 되었습니다. 명백히 내 재산이 털렸는데도, 우리는 법적으로 아무런 보호를 받지 못했습니다.

왜 그랬을까요? 과거의 상법은 이사가 오로지 회사 법인에 손해를 끼쳤을 때만 죄를 물을 수 있었기 때문입니다. 당시 경영진들은 이렇게 변명했습니다. "회사를 쪼개서 투자를 더 받았으니 회사 전체에는 이득입니다. 우리는 회사를 위해 최선을 다했습니다." 기가 막히게도 법원은 이 궤변을 경영적 판단이라며 인정했습니다. 회사의 이익과 주주의 이익이 따로 노는 이 기이한 구조, 그것이 바로 대한민국 자본주의의 가장 치명적인 허점이었습니다.

하지만 상법 개정은 이 모순된 고리를 단칼에 끊어버렸습니다. 이제 주주는 법적으로 보호받는 명백한 '주체'로 등장합니다. 경영진은 더 이상 '회사'라는 모호한 방패 뒤에 숨을 수 없습니다. 지금까지처럼 대주주 배를 불리겠다고 소액주주 가치를 훼손하는 물적분할을 감행한다? 이런 일이 생긴다면 이제 주주들은 "당신들이 나의 비례적 이익을 침해했다"라며 당당하게 소송할 수 있는 법적 근거를 갖게 된 겁니다. 소액주주를 희생양 삼는 행위는 이제 경영 판단이 아니라 명백한 주주에 대한 배임, 즉 범죄가 되는 세상이 온 것입니다.

자연스럽게 모든 기업 이사회의 공기 자체가 바뀔 수밖에 없습니다. 이사들이 안건을 의결할 때마다 가장 먼저 해야 할 질문이 바뀌는 겁니다. "회장님이 좋아하실까?"가 아니라 "이 결정이 과연 전체 주주의 이익에 부합하는가?"라고 말이죠.

곳간에 현금만 잔뜩 쌓아두고 배당에 인색한 기업, 주가가 바닥을 기는데 자사주 매입은 거들떠보지도 않는 기업의 경영진은 이제 언제 날아올지 모를 주주 대표소송의 공포에 떨게 될 겁니다. 주주환원은 더 이상 경영진이 기분 내키면 해주는 선택이 아닙니다. 반드시 지켜야 할 법적 생존 의무가 된 것입니다.

결과적으로 코리아 디스카운트의 가장 깊은 뿌리였던 예측 불가능성이 사라집니다. 대주주 말 한마디에 주가가 휴지 조각이 되던 오너 리스크가 제거되고, 그 자리에 예측 가능하고 신뢰할 수 있는 선진 시장의 규칙이 들어서게 됩니다.

이 거대한 변화의 파도 앞에서 우리는 어디에 그물을 던져야 할까요? 단순히 재무제표가 예쁜 우량주만 찾지 마십시오. 상법 개정이라는 강력한 무기가 생겼을 때 가장 극적으로 변할 기업을 찾아야 합니다. 그동안 법의 사각지대에 억눌려 있었지만, 이제는 주주 중심의 새로운 규칙에 따라 가치가 폭발할 수밖에 없는 그런 기업 말입니다.

상법 개정은 대한민국 주식 시장의 운영체제(OS)를 '대주주 버전'에서 '주주 버전'으로 업데이트한 역사적 사건입니다. 이 새로운 규칙을 완벽하게 이해하고, 규칙이 이끄는 방향에 서 있는 기업을 찾아내는 것. 그것이야말로 코스피 5,000 시대, 그 거대한 기회의 문을 여는 첫 번째 열쇠가 될 것입니다.

자사주 소각 의무화,
어떻게 주주가치를 높이는가?

기업 밸류업 프로그램의 여러 정책 중 투자자들의 눈에 직관적으로 들어오고, 계좌에 즉각적인 반응을 주는 강력한 한 방이 있습니다. 바로 '자사주 소각 의무화'입니다. 앞서 살펴본 상법 개정이 기업의 뇌 구조와 책임의 규칙을 바꾸는 생각의 혁명이라면, 자사주 소각은 그 혁명의 결과를 여러분의 계좌에 찍히는 숫자로 증명하는 가장 확실하고 뜨거운 행동입니다.

"멀쩡한 주식을 태워 없애는 게 도대체 왜 주가를 올린다는 거지?"

이런 질문이 나오는 건 너무나 당연합니다. 대한민국 증시에서 자사주는 주주가치 제고라는 본래의 목적이 아니라, 전혀 엉뚱한 용도로 쓰였기 때문입니다. 솔직히 말해 그동안 자사주는 대주주의 경영권을 지키는 방패이자 회사에 급전이 필요할 때 내다 파는 비상금이었으니까요.

과거의 자사주가 왜 우리 주가를 짓누르는 짐이었는지부터 명확히 알아봅시다. 기업이 이익을 내서 자사주를 사들이면, 그 주식은 회사의 금고에 들어갑니다. 비극은 여기에서 시작됐습니다. 금고에 잠자고 있는 이 주식들은 사실상 '언제 깨어날지 모르는 괴물', 즉 '잠재적 매물'이었습니다. 대주주가 누군가로부터 적대적 공격을 받으면 이 자사주를 우호 세력에게 넘겨 경영권 방어 수단으로 썼고, 현금이 필요하면 시장에 다시 팔아버렸습니다.

갑자기 없던 물량이 시장에 쏟아져 나온다고 생각해 보세요. 내가 가진 주식의 희소성은 순식간에 희석되고 가치는 떨어집니다. 그래서 기업들이 "자사주 매입합니다"라고 공시를 띄워도, 투자자들은 "어차피 소각도 안 할 건데, 나중에 도로 팔겠지"라며 콧방귀를 뀌었던 겁니다. 이 불신이 주가 상승을 가로막는 거대한 벽이었습니다.

정부의 '자사주 소각 의무화' 정책은 이 해묵은 불신의 벽을 해머로 내리쳐 부수는 격입니다. 핵심은 분명합니다. "기업 돈으로 산 주식, 금고에 쟁여두지 말고 즉시 불태워서 영원히 없애버려라."

이게 왜 혁명적인지 주식 시장의 문법으로 설명해 보겠습니다. 자사주를 태워 없애면 총발행 주식 수 자체가 영구적으로 줄어듭니다. 여러분이 쥐고 있는 주식 수는 그대로인데 전체 파이의 조각 수가 줄어드는 겁니다. 당연히 내가 가진 한 조각의 크기, 즉 지분율은 저절로 올라갑니다. 이것이 주식 투자의 핵심적인 지표인 '주당순이익(EPS)'을 어떻게 끌어올리는지 계산해 볼까요?

아주 간단한 산수입니다. 순이익이 100억 원이고 발행 주식이 100만 주인 회사가 있다고 칩시다. 주당순이익은 1만 원이죠. 그런데 이 회사가 자사주 10%를 매입해서 소각해 버렸습니다. 그러면 전체 주식 수는 90만 주가 됩니다. 기업이 번 돈 100억 원은 그대로인데, 나누는 분모가 작아지니 주당순이익은 약 1만 1,100원으로 껑충 뜁니다.

회사는 똑같은 돈을 벌었는데, 단지 주식 일부를 태우는 것만으로 가치가 약 11%나 올라갔습니다. 일시적인 것이 아니라 기업의 체질 자체가 고효율로 바뀌는 영구적인 변화입니다. 그래서 자사주 소각을 배당보다 더 강력한 '주주환원의 꽃'이라고 부르는 겁니다. 배당이 1년에 한 번 현금을 주는 보너스라면, 소각은 내가 가진 자산의 가치를 영원히 레벨업하는 거니까요.

이 원리를 이해했다면, 이제 밸류업 시대의 진짜 수혜주를 찾기 위해 어떤 그물을 던져야 할지 감이 올 겁니다. 시장의 선수들은 이미 세 가지 냄새를 맡고 움직이고 있습니다.

가장 먼저 봐야 할 곳은 '자사주 비율이 높은 기업'입니다. 금고에 쌓아둔 주식이 많을수록 그걸 태워 없앴을 때의 파급력, 즉 EPS 상승 폭은 극적일 수밖에 없습니다. 이미 탄알을 많이 장전한 기업을 주목하십시오.

다음으로는 '현금성 자산이 두둑한 기업'을 찾아야 합니다. 소각하고 싶어도 돈이 없으면 그림의 떡입니다. 당장은 자사주가 많지 않더라도, 현금 곳간이 빵빵하고 매년 돈을 잘 버는 기업들은 언제든 대규모 매입과 소각을 단행할 수 있는 0순위 후보들입니다.

마지막으로 'PBR 1배 이하의 저평가 기업'입니다. 회사가 가진 재산보다 주가가 싼 기업이 자사주를 사서 없앤다? 이것만큼 효율이 좋은 주주가치 제고 방법은 없습니다. 가장 싼 비용으로 가장 큰 효과를 낼 수 있는 구간에 있는 기업들이기 때문입니다.

자사주는 더 이상 대주주의 방패나 쌈짓돈이 아닙니다. 잠들어 있던 기업의 본질 가치를 강제로 깨우고, 우리 같은 모든 주주의 부를 증대시키는 가장 강력한 무기가 되었습니다. 이 세 가지 조건을 나침반 삼아 남들이 미처 발견하지 못한 숨겨진 보석을 캐내는 것, 그것이 바로 지금 우리가 실행해야 할 밸류업 시대의 필승 투자 전략입니다.

배당소득 분리과세,
부동산 부자를 끌어들일 당근책의 실체

지금까지 우리는 기업 밸류업 프로그램이 어떤 방식으로 기업의 해묵은 체질을 바꿔나가는지 살펴봤습니다. 앞서 이야기한 상법 개정은 경영진의 뇌 구조를 바꾸는 책임을 부여하고, 자사주 소각 의무화는 구체적인 행동을 강제하는 강력한 채찍이었습니다. 지금부터 이야기할 '배당소득 분리과세'는 대한민국을 움직이는 거대 자산가들에게 가장 매혹적이고 강력한 '당근'을 제공합니다.

"아, 배당받을 때 세금을 좀 깎아주는구나" 정도로만 이해하고 넘어갈 일이 아닙니다. 이 정책은 단순히 개인 투자자에게 주는 소소한 보너스가 아닙니다. 이것은 지난 수십 년간 부동산이라는 댐에 고여 있던 대한민국의 막대한 부(富)를 주식 시장이라는 넓은 바다로 끌어오기 위해, 정부가 야심 차게 그려낸 자금 이동 설계도이기 때문입니다.

이 설계도의 진짜 의미를 파악한다면 대한민국 자산 시장의 지형 자체가 뒤집히는 거대한 패러다임의 대전환임을 깨닫게 될 겁니다. 그 엄청난 '머니 무브(Money Move)'가 지나갈 길목을 남들보다 먼저 지키고 서 있는 사람만이, 이 파도 속에서 새로운 부의 주인이 될 수 있습니다.

왜 그동안 대한민국의 진짜 부자들은 주식을 외면했을까요? 이 정책의 파괴력을 제대로 이해하려면, 먼저 왜 강남의 자산가나 거부들이 주식보다 빌딩과 아파트에 집착했는지 그 속내부터 알아야 합니다. 이유는 단순합니다. 바로 징벌에 가까운 세금 때문이었죠.

수십억 자산을 굴리는 고소득자라고 가정해 봅시다. 이미 임대료나 이자만으로도 소득세 최고세율 구간, 지방세까지 포함하면 거의 49.5%를 세금으로 내는 구간에 있습니다. 이런 상황에서 주식을 사서 배당금으로 1억 원을 받았다고 칩시다. 무슨 일이 벌어질까요?

이 배당금은 기존 소득과 합산되어 악명 높은 '금융소득 종합과세'의 철퇴를 맞습니다. 그 결과 힘들게 번 배당금 1억 원 중 절반에 가까운 4,950만 원이 세금으로 날아갑니다. 손에 쥐는 건 고작 5천만 원 남짓이죠. 주가가 떨어질 리스크는 온전히 내가 짊어졌는데, 막상 수익이 나면 절반을 국가가 떼어 가는 구조. 과연 여러분이라면 이 게임에 큰돈을 걸까요?

고액 자산가들에게 배당 투자는 전혀 매력적이지 않았던 겁니다. 이것이 바로, 시중의 막대한 자금이 주식 시장의 문턱을 넘지 못하게 막았던 거대하고 단단한 세금 장벽입니다.

'분리과세'는 바로 이 철옹성을 허무는 강력한 해머입니다. 핵심은 '분리'라는 단어에 있습니다. "당신이 배당으로 번 돈, 이제 당신의 다른 막대한 소득과 섞어서 세금 폭탄을 때리지 않겠습니다. 이것만 딱 따로 떼어 아주 낮은 세율을 적용하겠습니다." 이것이 정책의 본질입니다.

다시 그 고소득자의 계산기로 돌아가 볼까요? 이제 배당금 1억 원에 대한 세금은 5천만 원이 아니라 2천 5백만 원 수준으로 뚝 떨어집니다. 앉은 자리에서 세금이 절반 가까이 줄어드는 기적이 벌어지는 거죠. 상황은 180도로 달라집니다. 이제 주식 투자는 세금 폭탄이 아니라 합법적으로 세금을 아끼는 가장 매력적인 절세처가 되었습니다.

이 정책은 단순히 세금 몇 푼 깎아주는 선심성 공약이 아닙니다. 대한민국 자산 시장의 거대한 물줄기를 부동산에서 주식으로 억지로라도 돌려놓고, 기업과 큰손 투자자들이 주주환원이라는 한곳을 바라보게 만드는 고도의 전략적 설계입니다.

이제 돈 냄새가 나십니까? 우리는 이 거대한 머니 무브 속에서 어디에 진지를 구축해야 할까요? "어떤 종목이 상한가를 갈까?"를 묻기 전에 "이제부터 들어올 '새로운 부자들의 돈'은 어떤 성격을 가졌을까?"를 먼저 생각하십시오.

그 돈은 내일 당장 대박을 좇는 가벼운 돈이 아닙니다. 수십 수백억의 자산을 지키면서도 안정적으로 불리고 싶어 하는 아주 무겁고 신중한 돈입니다. 그들의 돈은 급등락하는 단기 테마주나 실체 없는 잡주로는 절대 흘러가지 않습니다. 그 거대한 자금은 본능적으로 다음과 같은 냄새를 풍기는 기업을 향해 갈 것입니다.

가장 먼저 시장 지배력을 가진 '검증된 초우량 기업'으로 갑니다. 그 다음은 경기가 좋아지든 나빠지든 꾸준히 흑자를 내며 현금이 마르지 않는 '현금 창출 능력이 뛰어난 기업'을 찾습니다. 마지막은 가장 중요한 조건, 즉 이익을 주주들과 나누는 데 주저하지 않는 '예측 가능한 고배당 정책을 가진 기업'입니다.

배당소득 분리과세는 코스피 5,000 시대에 대한민국의 진짜 돈을 탑승시키는 강력한 초대장입니다. 그 묵직하고 거대한 자금이 결국 어디에 고일 것인지가 중요합니다. 이것이 우리가 이 세 가지 조건을 갖춘 기업을 선점해 길목을 지켜야 하는 이유입니다.

리스크,
정책 후퇴의 가능성을 점검하라

지금까지 우리는 기업 밸류업 프로그램이 어떻게 K-증시의 고질병을 치유하고, 코스피 5,000 시대의 문을 활짝 열어젖히는지 가슴 벅찬 희망을 이야기했습니다. 정말이지 듣기만 해도 배가 불러오는 이야기였죠. 하지만 냉정한 투자의 세계에 따스한 봄햇살만 비칠까요? 아쉽게도 그렇지 않습니다. 빛이 밝을수록 그림자도 짙은 법이니까요.

진정한 투자자는 모두가 샴페인을 터뜨릴 때 한발 물러나 비상구를 확인합니다. 이 화려한 상승장이 한순간에 신기루로 사라질 수도 있는 치명적인 급소를 점검해야 한다는 말입니다.

코스피 5,000 시대에 우리가 마주할 가장 큰 리스크는 무엇일까요? 김정은 위원장의 미사일 도발이나 미국 연준의 금리 정책일까요? 아닙니다. 그것보다 훨씬 더 본질적이고 직접적으로 시장의 숨통을 끊어놓을 수 있는 위험 요인은 바로 우리 안에 있습니다. 바로 이 거대한 혁명을 앞에서 끌고 있는 '정부 정책의 후퇴 혹은 변질'입니다.

이번 상승장의 심장은 명백히 정책입니다. 심장이 멈추거나 박동이 약해지는 순간, 시장은 즉시 동력을 잃고 차가운 바닥으로 추락할 것입니다. 그래서 차트나 실적을 분석하는 것만큼이나 정부의 정책 의지가 미세하게라도 흔들리는지 매의 눈으로 감시해야 합니다. 특히 "나라 곳간이 비었다"라는 세수 부족 논리가 슬금슬금 고개를 들 때 절대 그 말장난에 휘둘려서는 안 됩니다.

굳건해 보이는 정부의 밸류업 의지가 흔들릴지도 모를 순간은 언제일까요? 지독하게 현실적인 두 가지 문제, 바로 '돈'과 '표'가 얽힐 때입니다.

첫 번째 장애물은 '세수 부족'이라는 논리입니다. 배당세를 깎아주고 법인세를 감면하면 당장 세금이 덜 걷히는 건 사실입니다. 이 틈을 타 "정부 재정이 파탄 난다"라는 비판이 쏟아지면 정책의 추진 엔진은 식어버릴 수 있습니다.

두 번째는 '부자 감세'라는 정치적 프레임입니다. 주주환원의 과실이 주로 돈 많은 자산가와 외국인에게 돌아간다는 공격을 받으면 정부 정책은 거센 여론의 역풍을 맞게 됩니다. 왜 서민들 놔두고 부자 세금만 깎아주냐는 해묵은 선동 논리 말입니다.

우리는 이미 경험했습니다. 배당소득 분리과세 세율을 시장 기대보다 높게 책정하자는 말이 나오자마자 시장이 얼마나 싸늘하게 식어버렸는지를. 금융주와 고배당주들이 추풍낙엽처럼 떨어지던 그 순간, 그것이 바로 정책 불확실성이 가진 공포의 크기입니다.

그렇다면 이 불길한 징조를 어떻게 미리 감지할 수 있을까요? 어느 날 갑자기 기획재정부나 금융위원회의 수장이 밸류업에 회의적인 인물로 교체된다거나 상법 개정안이 국회 문턱에서 별다른 이유 없이 하세월 표류하고 있다면, 이는 정부의 추진 의지가 꺾였다는 명백한 증거입니다. 또 신문 1면에 "세수 펑크 심각", "부자 감세 논란 가열" 같은 헤드라인이 도배되기 시작한다면 정책의 방향타가 흔들리고 있다는 강력한 경보음으로 해석해야 합니다.

만약 정말 이런 경보음이 울린다면, 우리는 어떻게 해야 할까요? 공포에 질려 주식을 헐값에 던지고 시장을 떠나야 할까요? 절대 아닙니다. 오히려 그때 세수 부족 논리의 얄팍한 허점을 꿰뚫어 보고, 이 위기를 옥석 가리기의 기회로 삼아야 합니다.

생각해 보세요. 단기적으로는 세금을 깎아주는 게 손해처럼 보입니다. 하지만 장기적으로는 자본시장이 커지고 기업가치가 오름에 따라 거래세, 법인세 그리고 개인들이 돈 벌어서 내는 소득세까지 커져 국가 전체의 세수는 오히려 폭발적으로 늘어납니다. 이것이 바로 성장을 통한 세수 확보라는 건강한 선순환 구조입니다. 지금 당장 세수가 부족하다고 밸류업 판을 깨는 건, 춥다고 집을 지탱하는 기둥을 뽑아서 땔감으로 쓰는 것과 똑같은 자살골입니다.

여러분, 정책의 후퇴는 가장 경계해야 할 리스크 1순위입니다. 하지만 맹목적인 공포에 사로잡히지는 마십시오. 정책 변화의 미세한 신호를 읽되 그것이 거대한 패러다임 자체를 무너뜨리는 악재인지, 아니면 잠시 쉬어가는 속도 조절인지 냉철하게 판단하면 됩니다.

진짜 위기는 정책의 후퇴가 아닙니다. 그 변화의 의미를 스스로 해석하지 못하고 남들 따라 우왕좌왕하는, 바로 우리 자신의 판단력 부재에 있습니다. 정신만 바짝 차린다면 위기 속에서도 길은 반드시 보입니다.

코스피 5천 시대를 이끈 종목
삼성전자

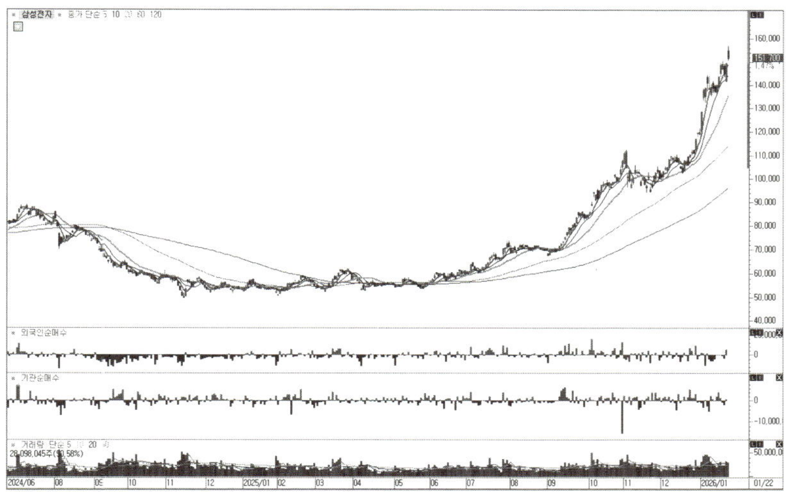

2026년 1월 22일 시세판을 보셨습니까? 드디어 삼성전자가 꿈의 숫자인 15만 원 고지를 뚫었습니다. 불과 1년 전만 해도 5만 원대 늪에 빠져 "삼만 전자 되는 거 아니냐?", "역시 국장 탈출은 지능순이다"라며 모두가 조롱하고 등 돌리던 그 삼성전자가 말이죠.

오늘 우리는 오로지 숫자로만 기록되는 주가가 아니라, 이 거함이 5만 원에서 15만 원까지 세 배나 몸집을 불리며 올라온 그 처절하고도 화려한 상승 요인을 알아보고자 합니다.

첫 번째는 바로 독할 정도의 집념이 만든 숫자의 대폭발입니다. 지난 25년 3분기 실적을 다시 한번 보세요. 분기 매출 86조 6,000억 원이라는 사상 최대치를 갈아치웠습니다. 반도체 부문은 무려 19퍼센트나 수직으로 상승했고 폴더블폰 역시 시장을 집어삼켰죠. 영업이익 12조 1,700억 원은 이전 분기보다 무려 7조 원이나 더 늘어난 수치입니다. 이 경이로운 반등의 이면에는 한 분기에만 27조 원 가까운 돈을 쏟아부은 역대 최고 수준의 연구개발비가 있었습니다. 남들이 경기 불황에 움츠릴 때, 삼성은 미래 기술이라는 전장에 심장을 몽땅 갈아 넣은 셈입니다.

두 번째는 AI 시대라는 금맥 위에서 캐낸 고품질 석유, 바로 메모리 반도체의 체질 개선입니다. 반도체는 이제 농산물이 아니라 석유입니다. 삼성은 지난 1년 사이 범용 제품 비중을 줄이고, AI 가속기에 들어가는 고부가가치 제품 위주로 생산 기지를 완벽하게 재편했습니다. 미국 테일러 공장의 가동 준비와 8.6세대 IT OLED 신설 라인은 단순히 공장을 짓는 것이 아닙니다. 2026년이라는 거대한 호황기를 선점하기 위해 지도를 미리 선점한 정교한 포석이었던 거죠. 15만 원이라는 주가는 결국 이 선견지명이 실제로 돈이 되어 돌아오기 시작했음을 알리는 우렁찬 종소리나 다름없습니다.

마지막은 바로 주주를 손님이 아닌 동업자로 대우하기 시작한 주주 환원의 결단입니다. 과거 삼성은 돈은 잘 벌어도 배당이나 소각에는 박하다는 오명을 쓰기도 했습니다. 하지만 밸류업 프로그램이라는 시대의 흐름을 탔죠. 매 분기 또박또박 통장에 찍히는 배당금과 10조 원에 육박하는 연간 환원 규모, 그리고 추가로 시행된 대규모 자사주 매입과 소각의 의지는 삼성의 강력한 출사표였습니다. 외국인 투자자들이 15만 원이라는 비싼 값에도 불구하고 우리 삼성을 미친 듯이 사 모으는 이유는 바로 이 신뢰라는 보이지 않는 자산에 있습니다.

결론적으로 삼성전자 주가 15만 원 돌파는 우연한 행운이 아닙니다. 숫자로 증명한 실적, 미래를 조준한 압도적인 투자, 그리고 주주를 진심으로 존중하는 정책까지 삼박자가 완벽하게 맞아떨어진 거대한 가치 재평가의 결과물입니다.

5만 원의 절망 속에서 삼성이라는 이름을 끝까지 믿고 동행한 사람이라면 오늘 이 15만 원의 환희를 누릴 자격이 충분합니다. 5,000포인트를 돌파한 코스피 열차의 맨 앞 칸에 삼성전자가 우직하게 자리 잡은 이상, 우리 부의 지도는 앞으로 훨씬 더 크게 넓어질 것입니다.

돈의 흐름을 따라가라

'바이(Buy) 코리아'를 외치는
외국인

주식 시장의 방향타를 쥐고 있는 거대한 힘에 관해 이야기해 볼까요? 개인 투자자가 천만 명을 넘었다고는 해도, 냉정하게 말해 시장의 큰 파도를 결정짓는 절대자는 여전히 외국인 자본입니다.

2025년을 복기해 봅시다. 코스피가 거침없이 사상 최고치를 향해 내달릴 때, 그 랠리의 지휘자는 누구였습니까? 바로 외국인이었습니다. 그들은 불과 한 달도 안 되는 짧은 기간에 무려 7조 원이 넘는 현금을 쏟아부으며 지수를 끌어올렸습니다. 같은 기간 개인들은 무려 8조 원어치를 팔아치우고 시장을 떠났습니다. 늘 반복되는 이 비극적이고 극명한 엇박자. 여기서 우리는 스스로에게 아주 진지하게 물어야 합니다.

"도대체 외국인들은 무엇을 보고 있기에, 이토록 미친 듯이 공격적으로 '바이 코리아(Buy Korea)'를 외치는가?"

이 질문에 대한 명쾌한 답을 찾아내는 것, 그것이 바로 코스피 5,000 시대를 맞이하는 핵심 열쇠입니다. 단순히 "외국인이 삼성전자 사니까 나도 산다" 식의 단순한 추종자가 되지 말아야 합니다. 그들의 차가운 머릿속 계산을 훔쳐보고 이해해서, 그들보다 한발 앞서 기회를 선점하는 동행자가 되어야 합니다.

과거 외국인들에게 K-증시는 결코 매력적인 투자처가 아니었습니다. 뉴욕이나 런던의 펀드매니저 시각에서 보면 한국은 '지정학적 리스크'와 예측 불가능한 '후진적 기업 지배구조'라는 치명적인 하자 두 개를 가진 상품이었으니까요. 그래서 과거 외국인들은 한국 시장을 진득한 동반자가 아니라 필요할 때 돈만 빼가는 ATM으로 취급했습니다. 반도체 사이클이 좋을 때 잠깐 들어와서 짧게 수익을 내고 썰물처럼 빠져나가는 단타 트레이딩의 놀이터, 그게 그들이 정의한 한국 시장의 가치였습니다. 하지만 지금은 공기가 완전히 다릅니다.

무엇이 이런 변화를 만들었을까요? 첫 번째 트리거는 바로 예측 가능성의 확보입니다. 기업 밸류업 프로그램과 상법 개정, 이 두 가지가 만든 거대한 나비효과라고 할 수 있습니다. 정부가 작심하고 기업 지배구조를 뜯어고치고, 상법에 이사의 주주 충실 의무를 박아 넣으려는 움직임을 보면서 그들은 판단했습니다. "아, 이제 한국 시장의 가장 큰 골칫거리가 해결되기 시작했구나. 이제 룰이 바뀌었다"라고 말이죠.

결정타는 대체 불가능한 성장 동력의 확인이었습니다. 이것은 대한민국이 AI 반도체 패권 전쟁에서 독점적 지위를 확보했기 때문에 가능한 일이었습니다. AI 혁명의 심장을 뛰게 하는 핵심 부품인 HBM(고대역

폭메모리) 같은 것들을 누가 만듭니까? 대한민국 기업들이 사실상 전 세계에 독점 공급하고 있습니다. 이게 뭘 의미하는지 알아야 합니다. 이제 한국 증시는 글로벌 경기가 기침하면 감기 걸리는 변방의 약소 시장이 아닙니다. AI 시대라는 거대한 흐름 속에서 누구도 대체할 수 없는 핵심 공급망의 위치를 차지했다는 뜻입니다.

이제 퍼즐이 맞춰집니다. 왜 그토록 외국인이 맹렬하게 돌아왔는지 명확해졌죠? 그들은 더 이상 한국을 싸지만 위험한 시장으로 보지 않습니다. 정부의 강력한 개혁 의지와 AI 시대의 압도적 기술 독점력을 양손에 쥔, 구조적으로 성장하는 선진 시장의 초입으로 완전히 재평가하고 있는 것입니다.

외국인은 우리의 친구도 아니고 적도 아닙니다. 그들은 그저 가장 냉철하고 가장 거대한, 살아 있는 지표일 뿐입니다. 그들의 시선이 향하는 곳, 그들이 계산기를 두드려 찾아낸 그 결론에 우리 증시의 진짜 위치가 있습니다.

스마트 개미로 진화한
개인 투자자

코스피가 사상 최고치를 향해 맹렬하게 질주하자 시장의 주도권을 잡고 랠리를 이끄는 외국인과 달리, 개인 투자자들은 무려 8조 원이 넘는 주식을 팔아치웠습니다. 이 장면은 단순히 "개인들이 주식을 좀 팔았네" 하고 넘길 뉴스가 아닙니다. 대한민국 주식 시장 역사 70년 만에 처음 보는 일이었거든요.

과거의 우리 개인 투자자들은 슬프게도 언제나 시장이라는 잔칫집의 '마지막 손님'이었습니다. 외국인과 기관이 배불리 먹고 상을 치우며 떠날 때, 그제야 허겁지겁 들어와서 하락이라는 설거지를 온몸으로 떠안아야 했던 존재들이었습니다. 주가가 꼭대기에 다다랐을 때 탐욕에 눈이 멀어 추격 매수를 감행하다가, 이어진 폭락장에서 비명조차 지르지 못하고 희생양이 되기를 수십 번. '동학개미'라는 이름 뒤에는 그 뜨거운 열정만큼이나 비극적인 패배의 역사가 늘 꼬리표처럼 따라다녔습니다.

하지만 개인 투자자는 더 이상 과거의 그 나약한 개미가 아닙니다. 이번 랠리에서 보여준 그 냉철한 매도세. 그것은 개인들이 마침내 감정이라는 안대를 벗어 던지고, 데이터와 원칙으로 무장한 시장의 당당한 주축, 바로 '스마트 머니(Smart Money)'로 진화했음을 증명한 사건이었습니다.

사람은 언제 어른이 될까요? 바로 뼈아픈 고통을 겪고 난 직후입니다. 우리 개인 투자자를 이렇게 무서운 스마트 개미로 성장시킨 일등 공신은 2022년의 잔인했던 실패와 학습의 시간이었습니다.

2021년 상승장 때를 떠올려 봅시다. 우리는 "우량주는 사놓고 버티면 언젠가 무조건 오른다", "대한민국 1등 기업은 절대 망하지 않는다"라는 맹목적인 믿음에 취했었습니다. 금리가 뭔지, 환율이 어떻게 되는지, 기업의 펀더멘털이 튼튼한지 공부하지 않아도 돈을 벌던 달콤한 시절이기도 했습니다.

하지만 2022년, 무자비한 금리 인상과 인플레이션의 폭풍 앞에서 순진했던 믿음은 처참하게 무너져 내렸습니다. 기초 없는 묻지 마 장기투자가 얼마나 위험한지, 빚내서 투자하는 레버리지의 결말이 얼마나 비참한지 계좌가 녹아내리는 걸 지켜보며 피눈물로 배워야 했습니다.

그 비싼 수업료를 치르고 얻은 교훈이 바로 2025년의 기적을 만든 겁니다. 결론적으로 지금의 개인 투자자는 더 이상 외국인과 기관의 놀이터에서 속수무책으로 당하는 호구가 아닙니다. 지옥 같았던 하락장을 견뎌내고, 스스로 공부하며 진화한 그들은 이제 시장이 비이성적으로 과열될 때 찬물을 끼얹어 진정시키는 조절자이자, 때로는 시장의 거대한 방향을 결정짓는 선도자로 거듭났습니다.

외국인의 화려한 귀환과 더불어, 실패를 딛고 일어선 스마트 개미의
등장. 이 강력한 두 축이 버티고 있기에 코스피 5,000 시대의 길은 절대
무너지지 않는 탄탄대로가 될 것입니다.

미래에 느리고 묵직한 닻을 내린 연기금

주식 시장이라는 정글에는 수많은 포식자가 득실거립니다. 초단타로 승부를 보는 트레이더부터, 밤낮없이 공부하는 개인 투자자, 그리고 거대한 자금을 굴리는 외국인과 기관까지 모두 각자의 시계와 전략을 가지고 움직이죠.

하지만 여러분, 이 시끄러운 시장의 소음 속에서 우리가 반드시 주목해야 할 존재가 있습니다. 다른 플레이어들을 압도할 정도로 가장 묵직한 자본과 긴 호흡으로 움직이는 이 시장의 최종 보스, 바로 국민연금을 필두로 한 '연기금'입니다.

우리가 연기금의 지갑을 훔쳐봐야 하는 이유는 단순히 그들이 돈 많은 큰손이기 때문이 아닙니다. 그들의 포트폴리오가 단순한 종목 리스트가 아니라, 대한민국이라는 국가가 앞으로 10년, 20년 뒤에 무엇으로 먹고살 것인가를 가장 처절하고 진지하게 고민한 결과를 담은 '미래 성장 지도' 그 자체이기 때문입니다.

생각해 보세요. 외국인이 현재의 가치와 정부 정책의 변화에 기민하게 배팅한다면, 연기금은 미래의 성장과 지속 가능성에 묵직한 닻을 내립니다. 그들의 자금은 단기 시세차익 따위를 노리는 게 아닙니다. 대한민국 미래 산업의 기초를 다지는 주춧돌 역할을 하죠. 따라서 우리가 그들의 포트폴리오를 분석한다는 것은 당장 내일 오를 종목 하나 추천받자는 얄팍한 수가 아닙니다. 코스피 5,000 시대를 넘어 10,000 시대를 이끌 진정한 국가대표 기업이 누구인지 확인하는 가장 확실한 인증 절차를 밟는 것입니다.

왜 연기금은 다른 플레이어들과는 결이 다른 것일까요? 답은 그들의 어깨에 짊어진 무게와 시계(視界)에 있습니다. 국민의 노후를 책임져야 하는 그들의 투자 철학은, 하루하루 시세판의 빨간불 파란불에 울고 웃는 일반 투자자와는 차원이 다를 수밖에 없습니다. 그들의 제1원칙은 단기 수익률의 유혹을 뿌리치는 것입니다. 오늘 급등하는 화려한 테마주보다는 10년 뒤에도 살아남아 우리에게 연금을 줄 수 있는 기업, 즉 압도적인 시장 지배력과 꾸준한 현금 흐름을 가진 안정적인 1등 기업을 최우선으로 삼습니다.

여기에 더해 최근 그들이 깐깐하게 따지는 잣대가 하나 더 생겼습니다. 바로 기업이 얼마나 투명하고 사회적 책임을 다하는지를 보는 ESG입니다. 연기금에게 ESG는 착한 척하기 위한 유행이 아닙니다. 이 기업이 먼 미래까지 망하지 않고 생존할 수 있는지를 가늠하는 핵심적인 생존 지표로 작동하기 때문입니다.

그러니 만약 연기금이 어떤 기업의 지분을 꾸준히 모으고 있다는 사실을 포착했다면? 그것은 그 어떤 애널리스트의 매수 리포트보다 강력한 신뢰의 증거입니다. "이 기업은 대한민국의 미래를 책임질 국가대표입니다"라고 도장을 쾅 찍은 셈이니까요.

현재 연기금의 비밀 금고에는 무엇이 들어 있을까요? 국민연금의 지분 내역을 뜯어보면 코스피 5,000 시대를 떠받칠 세 개의 거대한 기둥이 선명하게 보입니다.

그 첫 번째이자 가장 굵직한 기둥은 기술 패권의 심장인 'AI 반도체와 AI 플랫폼'입니다. 연기금이 삼성전자와 SK하이닉스는 물론이고 네이버나 카카오, 삼성SDI 같은 기업에 절대적인 지분을 유지하는 이유가 뭘까요? AI 시대의 주도권이 바로 이들의 손에 달려 있다는 걸 국가적으로 인정한 겁니다. "반도체와 플랫폼 없이는 미래도 없다"라는 확신이죠.

동시에 연기금은 고령화라는 피할 수 없는 인구 구조 변화를 보며 두 번째 기둥을 세웠습니다. 바로 '바이오와 헬스케어'입니다. 삼성바이오로직스나 셀트리온 같은 거대 기업뿐만 아니라 전통 제약사와 헬스케어 기업들의 지분을 야금야금 늘려가는 행보는 "국민의 건강과 수명이 곧 미래 산업의 돈줄이다"라는 냉철한 판단을 보여줍니다.

마지막 세 번째 기둥은 의외의 곳에 있습니다. 한때 사양산업이라 불렸던 '조선·방산·원자력'의 화려한 부활입니다. HD현대중공업, 한화에어로스페이스, 두산에너빌리티에 대한 투자를 늘리는 건, 이들이 더 이상 낡은 굴뚝 산업이 아니라는 뜻입니다. 글로벌 공급망 재편과 에너지 안보 시대에 대한민국을 지키고 먹여 살릴 새로운 국가 전략 산업으로 재평가하고 있다는 강력한 시그널입니다.

결국 그들의 돈은 기술, 건강, 안보라는, 우리의 미래를 관통하는 세 가지 핵심 키워드를 향해 유유히 흐르고 있는 것입니다.

시장에서 가장 느리지만 가장 현명한 이 거인의 발자국을 어떻게 따라가야 할까요? 실전 팁을 드리겠습니다. 여러분의 나침반은 DART(전자공시시스템)에 있습니다. 이곳에 올라오는 '주식 등의 대량 보유 상황보고서'를 주목하세요. '5% 룰'이라는 말을 들어봤을 겁니다. 국민연금 같은 큰손은 지분을 5% 이상 갖거나 거기서 1% 이상 변동이 생기면 무조건 보고해야 합니다. DART는 연기금이 요즘 어떤 기업을 담고, 어떤 기업을 버리는지를 실시간으로 보여주는 보물지도나 다름없습니다.

영리한 투자자라면 한 걸음 더 나아가야 합니다. 거인의 발자국을 확인했다면, 그 거인이 밟고 지나간 자리에 미리 가서 웅크리고 기다리는 지혜가 필요합니다. 연기금이 장기적인 확신으로 꾸준히 사 모은 우량주가, 시장의 일시적인 공포나 단기 악재로 주가가 푹 꺾이는 순간은 반드시 옵니다. 그때가 바로 우리가 움직여야 할 순간입니다. 거인과 거의 같은 가격에, 운이 좋으면 더 싼 가격에 미래의 국가대표를 내 계좌에 담을 수 있는 절호의 기회니까요.

연기금은 느립니다. 그리고 무겁습니다. 하지만 그들의 시선은 언제나 10년 뒤를 향합니다. 그 깊은 고민과 긴 안목을 여러분 투자의 길잡이로 삼으십시오. 거인의 어깨 위에서 더 멀리, 더 안전하게 부의 지도를 그릴 수 있을 겁니다.

외국인과 기관은
무엇을 왜 사고파는가?

주식 시장은 매일 수십조 원의 총알이 빗발치는 그야말로 소리 없는 거대한 전장입니다. 이 치열한 힘겨루기에서 승자가 되려면 단순히 차트가 좋은 종목 하나를 아는 것만으로는 부족합니다. 지금 이 전쟁의 판을 짜고 있는 세력 즉 수급 주체가 도대체 누구인지, 그들이 어떤 작전으로 움직이는지, 그 총구가 어디를 겨누고 있는지를 파악해야 합니다.

"오늘 외국인 1조 순매수, 개인 1조 2천억 순매도" 등 매일 장이 끝나면 한국거래소는 '투자자별 매매동향'이라는 성적표를 내놓습니다. 대부분은 이 건조한 숫자를 뉴스 자막처럼 무심히 흘려보냅니다. 하지만 그냥 지나치면 안 됩니다. 이 단순해 보이는 숫자들 속에 새로운 시대를 관통하는 시장의 거대한 전략과 일급비밀이 숨어 있기 때문입니다.

지금부터 우리는 이 수급 데이터를 해부할 겁니다. 2025년 상승장을 이끈 세 명의 주인공, 즉 설계자인 외국인, 긴 세대인 기관, 그리고 스마트하게 진화한 개인. 이들이 각각 무엇을 사고팔았는지, 그리고 그 행동 뒤에 어떤 검은 혹은 하얀 의도가 숨어 있는지 낱낱이 파헤쳐 봅시다. 이 패턴을 읽는 순간, 여러분은 안갯속을 헤매는 병사가 아니라 전장의 흐름을 높은 곳에서 내려다보는 지휘관이 될 수 있습니다.

먼저, 이번 판의 설계자인 외국인부터 봅시다. 그들은 지금 K-증시의 구조적 변화를 통째로 사들이고 있습니다. 단언컨대, 2025년 가을 랠리를 만든 총사령관은 외국인이었습니다. 그들의 쇼핑 리스트를 훔쳐보면 이번 상승장의 성격이 적나라하게 드러납니다. 단순히 삼성전자나 KB금융이라는 개별 종목을 산 게 아닙니다. 그들은 새롭게 재편되는 대한민국 주식회사의 미래, 그 자체에 베팅했습니다.

자세히 볼까요? 장바구니 맨 위 칸에는 KB금융, 신한지주, 삼성물산 같은 금융주와 지주사들이 묵직하게 자리 잡고 있습니다. 이게 무슨 뜻일까요? 정부의 기업 밸류업 프로그램이 스쳐 지나가는 테마가 아니라는 확신입니다. 한국 증시의 고질병인 코리아 디스카운트가 해소되고, 시장의 룰 자체가 주주 자본주의로 업그레이드된다는 믿음에 돈을 건 것이죠.

바로 아래 칸은 더 놀랍습니다. 매수 자금의 절반 이상을 삼성전자와 SK하이닉스라는 두 거인에게 쏟아부었습니다. 이유는 명확합니다. AI 혁명이라는 거대한 파도 속에서 대한민국이 HBM 같은 핵심 메모리를 쥐고 있다는 사실, 즉 누구도 대체할 수 없는 기술적 공급망의 심장부가 되었다는 압도적 성장성을 인정한 겁니다.

마지막으로 흥미로운 건 LIG넥스원이나 한화에어로스페이스 같은 방산주가 그들의 필수템이 되었다는 점입니다. 이건 정말 상징적입니다. 과거 한국의 발목을 잡던 지정학적 리스크가 이제는 K-방산 수출이라는 새로운 돈벌이 수단으로 바뀌었다는 걸 글로벌 자본이 공식적으로 인증한 셈이니까요.

결국 외국인은 개혁(밸류업), 기술(AI 반도체), 그리고 안정(방산)이라는 완전히 새로워진 대한민국의 세 가지 핵심 가치를 동시다발적으로 쓸어 담고 있는 것입니다. '정책', '기술', '지정학'이라는 세 개의 거대한 패러다임 변화, 그 수혜의 정점에 있는 주식들만 골라서 샀다는 얘기죠.

그렇다면 외국인이 이렇게 살 때 8조 원어치를 팔아치운 우리 개인 투자자들은 바보짓을 한 걸까요? 천만의 말씀입니다. 저는 그들을 '현명한 현실주의자'라고 부르고 싶습니다. 그들은 지금 불확실성을 팔고 있거든요.

개인들의 매도 리스트를 분석해 보면, 그들이 얼마나 영리하게 진화했는지 알 수 있습니다. 가장 많이 판 종목은 2023년 시장을 뜨겁게 달궜던 2차전지 관련주들입니다. 꿈과 기대만으로 오르던 시절은 끝났고, 이제 실적이라는 성적표로 옥석이 가려지는 고통스러운 성장통의 시기가 왔음을 냉철하게 간파하고 손을 턴 겁니다. 신약 개발 성공 여부에 목숨을 걸어야 하는 불확실한 바이오 종목들도 대거 정리했습니다.

개인들은 더 이상 대박의 꿈을 좇지 않는다는 의미입니다. 불확실하고 과도한 기대감은 팔아버리고, 대신 손에 잡히는 현금과 확정된 수익을 선택했습니다. 이것은 패배해서 도망치는 매도가 아닙니다. 다음 기회를 노리기 위해 전열을 가다듬는 아주 전략적인 '포트폴리오 리밸런싱' 과정입니다.

기관 투자자요? 그들은 거대한 두 세력 사이에서 눈치를 보며 단기 차익거래나 하며 바빴을 뿐 시장의 큰 물줄기를 바꾸지는 못했습니다. 결론적으로 이번 장세는 K-증시의 구조적 변화라는 거대 담론에 베팅한 외국인과, 과거의 뼈아픈 학습 효과로 냉철한 현실주의자가 된 스마트 개미의 치열하고도 수준 높은 힘겨루기였습니다.

이 수급 패턴을 읽어야 합니다. 외국인이 사는 이유를 이해하면 코스피 5,000 시대를 이끌 진짜 주도주가 무엇인지 알게 됩니다. 반대로 개인이 파는 이유를 이해하면 리스크를 관리하고 내 안의 탐욕을 제어하는 생존의 기술을 배우게 됩니다. 이 두 세력의 움직임을 양손에 쥔 나침반으로 삼아 항해하십시오. 그래야만 이 거칠고 거대한 파도 위에서 길을 잃지 않고 목적지에 닿을 수 있습니다.

환율은
어떻게 돈이 되는가?

코스피가 역사적인 신고가를 경신하며 샴페인을 터뜨리던 그때, 증권사 리포트들 틈에 이런 제목 하나가 눈에 띄었습니다. "달러 약세 전환, 외국인 순매수 지속의 핵심 변수"

솔직해질 순간입니다. 아마 투자자 대부분은 이 제목을 보고 "환율 이야기는 너무 복잡하고 머리 아파", "수출 기업 사장님들이나 신경 쓸 일이지"라며 넘겨버렸을 겁니다. 만약 이 책을 보고 있는 여러분도 그랬다면, 안타깝지만 코스피 5,000 시대를 움직이는 가장 거대한 외부 동력, 즉 글로벌 돈의 흐름이라는 핵심 엔진을 완전히 놓치고 있는 겁니다.

대한민국 증시는 더 이상 우리끼리 사고파는 동네 시장이 아닙니다. 시가총액의 40%가량을 외국인 자본이 쥐락펴락하며 움직이는 글로벌 시장이죠. 그리고 이 거대한 자본의 물줄기를 결정하는 가장 강력한 수문장이 바로 '원/달러 환율'입니다.

환율을 모르고 주식을 한다는 건 조수간만의 차도 계산하지 않고 무작정 바다로 배를 띄우는 것과 같습니다. 밀물이 언제 들어오는지 알면 적은 힘으로도 배를 멀리 띄울 수 있지만, 지금이 썰물인지도 모르고 노를 저으면 배는 결국 갯벌에 좌초되고 맙니다. 지금부터 이 복잡해 보이는 환율의 원리를 명쾌하게 해부하고, 그것이 우리 증시의 운명을 어떻게 결정짓는지, 그리고 이 지식을 어떻게 내 계좌의 수익으로 바꿀 수 있는지 실전 노하우를 다뤄보겠습니다.

"도대체 환율이 떨어지는 것, 즉 원화가 강해지는 거랑 외국인이 주식을 사는 거랑 무슨 상관인데?"

가장 먼저 풀어야 할 의문은 이겁니다. 이 질문에 대한 답을 찾으려면 외국인 투자자 머릿속에 있는 두 개의 계산기를 훔쳐봐야 합니다.

가상의 인물, 예를 들어 뉴욕의 펀드매니저 이름이 존이라고 가정하겠습니다. 환율이 1달러에 1,400원일 때, 존은 100만 달러를 가져와 14억 원으로 바꾼 뒤 삼성전자를 샀습니다. 1년 뒤 주가가 20% 올라서 존의 평가액은 16억 8,000만 원이 되었습니다. 바로 그때 환율이 1달러에 1,300원으로 뚝 떨어지며 원화 가치가 올랐다고 칩시다. 존이 수익금을 챙겨 다시 달러로 환전하면 어떤 마법이 일어날까요?

원화로 번 16억 8,000만 원을 1,300원으로 나누면 존의 주머니에 들어오는 돈은 약 129만 달러가 됩니다. 주식으로 번 20% 수익 외에, 순전히 환율이 변했다는 이유 하나만으로 약 9%가 넘는 엄청난 환차익을 추가로 챙긴 겁니다. 이게 바로 외국인들에게 원화 강세장이 보너스 파티인 이유입니다. 그들은 주가 상승과 환차익이라는 두 마리 토끼를 동시에 잡을 수 있는 시기를 경험적으로 알고 있습니다. 2025년 가을의 폭발적인 랠리가 전형적인 사례였죠. 미국 연준의 금리 인하 시그널에 달러 약세가 예상되자, 똑똑한 외국인 자본은 이 이중 수익을 노리고 누구보다 먼저 '바이 코리아' 버튼을 눌렀습니다.

역사는 거짓말하지 않습니다. 차트를 펴놓고 과거 데이터를 겹쳐 보세요. IMF 같은 특수한 위기 상황을 빼면 코스피 대세 상승기는 거의 예외 없이 원화가 강해지는 환율 하락 구간과 일치합니다. 반대로 우리 시장이 맥을 못 추고 침체한 시기는 어김없이 원화 약세 구간이었죠.

이것은 우리 기업들이 돈을 잘 벌고 정부가 정책을 잘 펴는 것만으로는 부족하다는 뜻입니다. 반드시 달러 약세라는 따뜻한 글로벌 순풍이 등 뒤에서 불어와야 한다는 것이죠.

자, 그렇다면 실전에서 우리는 무엇을 봐야 할까요? 물론 신이 아닌 이상 내일의 환율을 정확히 맞힐 수는 없습니다. 하지만 거대한 방향성은 몇 가지 신호등을 통해 충분히 읽을 수 있습니다.

가장 중요한 신호등은 '한미 정책금리 격차'입니다. 보통 미국 금리가 한국보다 높으면 돈은 미국으로 쏠려 달러가 강해지지만, 그 격차가 줄어들거나 미국 연준이 금리를 내리기 시작한다면? 그것은 가장 강력한 '달러 약세, 원화 강세'의 신호탄입니다.

두 번째는 우리의 '수출 성적표'입니다. 반도체가 날개 돋친 듯 팔려 무역수지 흑자가 쌓이면 나라 안에 달러가 흔해지니 당연히 원화 가치는 올라갑니다.

세 번째는 유로화나 엔화 같은 주요 통화 대비 달러의 힘을 보여주는 '달러 인덱스'가 꺾이는지도 꼭 확인해야 합니다.

환율이 주식 투자에 어떤 영향을 주는지 이해했을 겁니다. 지금부터는 HTS 화면에 주가 차트만 띄워놓지 마세요. 한쪽 귀퉁이에 반드시 '원/달러 환율 차트'를 켜두기 바랍니다. 환율이 하향 안정화되는 추세가 보인다? 우리 증시에 가장 강력한 순풍이 불어오고 있다는 신호입니다.

코스피 5천 시대를 이끈 종목
SK하이닉스

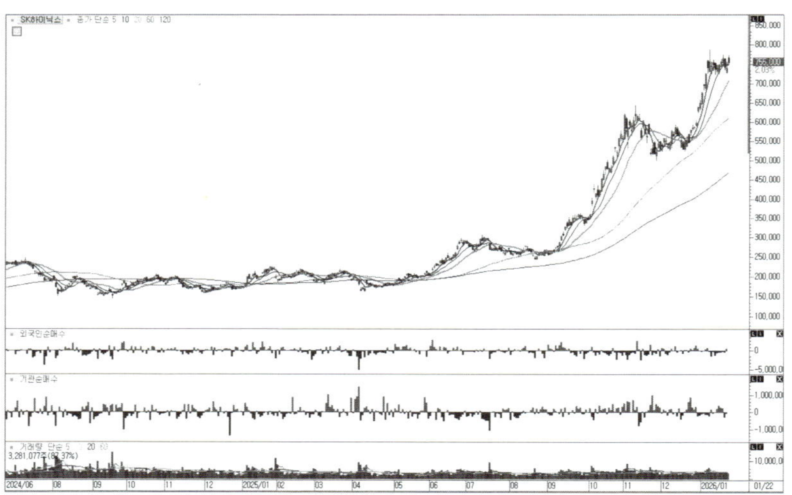

코스피 5,000이라는 역사적인 파도가 밀려드는 전광판 한복판을 보면, 그 뜨거운 용광로 안에서 가장 압도적인 기세로 비상하고 있는 종목이 있습니다. 바로 AI 메모리의 심장 SK하이닉스입니다. 최근에는 정말 믿기 힘든 소식도 하나 들려왔죠. 한 증권사에서 SK하이닉스의 목표주가를 무려 95만 원으로 끌어올렸습니다. 불과 몇 년 전만 해도 10만 원을 밑돌던 주식을 보며 한숨 쉬던 기억이 생생한데, 이제는 한 주당 100만 원 시대를 정조준하고 있는 겁니다.

2025년 10월 매출이 24조 원을 돌파하며 사상 최고치를 갈아치웠는데, 더 놀라운 건 11조 4,000억 원이라는 영업이익입니다. 영업이익률이 무려 47퍼센트에 달합니다. 이게 무슨 뜻일까요? 물건 하나를 1,000원에 팔면 470원이 순수하게 남는다는 소리입니다. 이건 단순한 제조업의 숫자가 아닙니다. 독보적인 기술을 가진 기업만이 누릴 수 있는 축복의 성적표인 셈이죠. 애플에 버금가는 엄청난 이익을 얻고 있는 겁니다.

진짜 중요한 건 지금부터입니다. 왜 95만 원이라는 파격적인 숫자가 계산서 위에 올라왔을까요? 저는 이를 세 단어로 정의합니다. 바로 전략 자산화, HBM4, 그리고 피지컬 AI입니다.

반도체는 이제 '산업의 쌀'을 넘어 AI 시대의 '석유'가 되었습니다. AI가 텍스트 중심의 소통을 넘어, 인간처럼 움직이는 휴머노이드 로봇과 스스로 길을 찾는 자율주행으로 대표되는 '피지컬 AI' 단계로 진입하고 있기 때문입니다.

주변 세상을 초고해상도 영상으로 인식하고, 물리적인 위치와 맥락까지 저장해야 하는 월드 모델이 현실화되려면 고대역폭·고용량 메모리는 선택이 아닌 생존 필수품이 됩니다. 한마디로 세상이 반도체 없이는 한 걸음도 움직이지 못하는 공급 부족의 시대로 접어든 것입니다.

여기에 SK하이닉스가 꺼낸 결정적인 무기가 바로 6세대 HBM4입니다. 이미 주요 거물급 고객사들과 2026년 공급 계약을 마쳐서 완판이나 다름없는 상태입니다. 전 세계 HBM4 수요의 약 90퍼센트를 우리 기업들이 담당할 것이라는 전망이 나오는 이유도 여기에 있습니다. 하이닉스의 금고는 이미 가득 찬 일감 덕분에 닫히지도 않을 지경입니다. 수익성은 갈수록 높아지고 빚은 줄어드는, 그야말로 무결점 재무 체질을 갖춘 것입니다.

그러니 주가가 많이 올랐다는 공포에 갇히지 마세요. 그 너머에서 일어나는 산업의 지형 변화와 기술의 권력 이동을 읽어야 합니다. AI라는 거대한 항해에서 하이닉스는 이미 엔진과 키를 동시에 쥐고 있는 주인입니다. 단기적인 변동성에 일희일비하며 소중한 지분을 던지는 실수는 하지 마세요. 부의 열차, 그 가장 뜨겁게 달궈진 칸에 타고 있다는 확신으로 여러분의 평온한 수익을 지키길 바랍니다.

돈의 흐름이 바뀌었다.
진정한 투자는 순간의 높은 수익이 아니라,
끝까지 살아남는 것이다.

시대정신을 포착하라

'반도체 사이클'이라는
낡은 공식

지난 20년 동안 대한민국 주식 투자자들의 머릿속을 강력하게 지배해 온 거대한 고정관념이 있습니다. '반도체 사이클'이라는 지긋지긋한 굴레입니다.

너무나 익숙한 풍경이죠. "메모리 가격이 바닥을 쳤으니 이제 살 때다", "D램 현물가가 고점 찍었으니 빨리 팔고 나와야 한다" 같은 이야기들 말입니다. 우리는 PC나 스마트폰이 얼마나 팔리느냐, 그에 따라 D램 가격이 1달러 오르느냐 내리느냐에 목숨을 걸어왔습니다. 그렇게 무릎에 사서 어깨에 파는 시소게임을 반복했죠. 하지만 그 끝은 어땠나요? 잠깐의 호황 뒤엔 어김없이 긴 침체기가 기다리고 있었고, 그 거친 파도 속에서 길을 잃었습니다.

하지만 이제 그 낡고 지루했던 반도체 사이클의 시대는 끝났습니다. 이제 서재에 꽂힌 투자 교과서에서 그 공식은 찢어버려도 좋습니다. 지금 우리가 목격하고 있는 현상은 단순히 업황이 조금 좋아졌다 나빠졌다 하는 수준의 시시한 반복이 아닙니다. 이는 인류의 지능을 뿌리째 바꾸는 AI 혁명이자, 그 혁명의 한가운데에서 대한민국 반도체 산업의 가치와 본질이 완전히 재정의되는 패러다임의 대전환이기 때문입니다. 만약 여러분이 아직도 20년 전 잣대로 HBM의 가치를 재단하려 한다면 심각한 오판입니다.

도대체 무엇이 달라졌다는 걸까요? 먼저 과거의 반도체가 왜 그렇게 천대받았는지 그 원인부터 알아야 합니다.

우리는 흔히 반도체를 '산업의 쌀'이라고 자랑스레 불렀습니다. 하지만 냉정하게 보면 그 말에는 치명적인 한계가 숨어 있습니다. 쌀처럼 없어서는 안 될 필수품이지만, 본질적으로는 누가 만들어도 똑같은 규격화된 상품 즉 '커머디티(Commodity)' 취급을 받았다는 뜻이니까요.

커머디티의 운명은 기술이 아니라 가격이 결정합니다. 농사가 잘돼서 공급이 넘치면 가격은 폭락하고, 가뭄이 들면 폭등하죠. 삼성전자와 SK하이닉스가 아무리 세계 최고의 기술을 가졌어도 소용없었습니다. 주가는 엔지니어의 땀방울이 아니라, 그날그날 시장에서 거래되는 D램 가격표에 따라 춤췄습니다. 이것이 '반도체 사이클'의 본질이었습니다.

하지만 AI 혁명은 이 낡은 판을 완전히 뒤집어 놓았습니다. 챗GPT처럼 괴물 같은 AI를 가르치려면 상상을 초월하는 데이터를 빛의 속도로 먹어 치워야 합니다. 엔비디아의 GPU가 AI의 두뇌라면, HBM(고대역폭 메모리)은 그 두뇌에 끊임없이 데이터를 공급하는 핵심 혈관이자 심장입니다.

HBM이 과거의 D램과 뭐가 다르냐고요? 차원은 여기서 갈립니다. HBM은 더 이상 시장 좌판에 깔아놓고 파는 범용 부품이 아닙니다. 엔비디아 같은 초거대 고객사의 GPU에 딱 맞춰 설계되고 생산되는 철저한 맞춤형 솔루션입니다. 여기서는 가격이 조금 더 싼 게 중요하지 않습니다. 압도적인 성능과 완벽한 호환성이 생명이죠.

이러한 특성은 수십 년간 갈고 닦은 초정밀 공정 기술 없이는 감히 흉내 낼 수 없는 극도로 높은 기술적 장벽을 만듭니다. 중국이 돈을 수십조 원 쏟아붓는다고 뚝딱 만들 수 있는 게 아니라는 말입니다. 무엇보다 HBM 수요는 경기가 좋고 나쁨을 타지 않습니다. AI 혁명이라는, 앞으로 수십 년간 지속될 거대한 시대적 흐름을 타고 폭발적으로 늘어날 수밖에 없는 구조적 수요입니다.

결론적으로, SK하이닉스와 삼성전자는 더 이상 오늘내일의 메모리 가격에 목숨 거는 커머더티 기업이 아닙니다. 그들은 AI 시대가 굴러가기 위해 없어서는 안 될 전략 자산을 독점 공급하는 구조적 성장 기업으로 다시 태어난 것입니다.

그러니 이 거대한 흐름을 내 계좌의 수익으로 연결하고 싶다면 투자 방식부터 업그레이드해야 합니다. 제발 오늘 아침 뉴스의 D램 현물가가 얼마인지, 창고에 재고가 얼마나 쌓였는지 같은 낡은 지표에 연연하지 마세요. 대신 시야를 넓혀 전체 AI 시장이 얼마나 빠르게 커지고 있는지, HBM 분야에서 우리 기업들이 경쟁사와 기술 격차를 얼마나 벌리고 있는지, 그리고 그 독점적인 점유율이 얼마나 견고한지를 확인해야 합니다.

　대한민국 반도체는 이제 지겨웠던 주기적 성장통을 끝내고, AI라는 거대한 날개를 달고 구조적 비상을 시작했습니다. 더 이상 짧은 자로 거인을 재려 하지 마십시오. 낡은 공식을 폐기하고, 이제 막 시작된 이 거대한 구조적 성장의 과실을 온전히 누리는 현명한 투자자가 되길 바랍니다.

2차전지 광풍과
배터리 아저씨가 남긴 교훈

AI와 반도체가 코스피 5,000 시대를 이끄는 차갑고 이성적인 엔진이라면, 2차전지는 지난 몇 년간 우리 시장을 그야말로 뜨겁게 달궜던 감성적이고 폭발적인 로켓이었습니다.

2023년의 대한민국 증시를 떠올려 볼까요. 시장은 2차전지가 뿜어내는 거대한 상승 에너지에 완벽하게 사로잡혀 있었습니다. 에코프로가 써 내려간 전설적인 주가 상승, 수십만 원을 호가하며 탄생한 황제주들, 그리고 '배터리 아저씨'로 상징되는 개인 투자자들의 종교에 가까운 열광까지. 단순한 주식 투자를 넘어 하나의 거대한 사회적 신드롬이었습니다.

하지만 물리학의 법칙처럼 모든 고속 질주에는 반드시 공기의 저항이 따르기 마련입니다. 2023년의 그 뜨거운 광풍이 지나간 후 우리가 감내해야 했던 길고 고통스러운 조정기, 저는 이것을 대한민국 2차전지 산업이 반드시 겪어야 했던 성장통이라고 부르고 싶습니다.

2차전지 랠리는 닷컴버블 때처럼 실체도 없는 유령 회사에 돈을 묻는 도박판은 아니었습니다. 그 중심에는 내연기관의 종말과 전기차 시대의 개막이라는, 100년 만에 한 번 올까 말까 한 거대한 혁명의 서사가 깔려 있었으니까요. 게다가 우리 K-배터리 기업들은 그 혁명의 중심에서 세계 최고 수준의 경쟁력을 실제로 가지고 있었습니다. "K-배터리가 세계를 지배할 것"이라는 믿음은 지극히 합리적이었죠.

문제는 방향이 아니라 과속이었습니다. 시장은 그 먼 미래의 가치를 너무 성급하게, 그리고 너무나 비싼 가격으로 당겨와 현재의 주가에 녹여버렸습니다. 당시 유행하던 논리를 기억하는 사람이 있을 겁니다. "지금 주가가 비싸다고? 2030년 시장 규모를 봐. 지금은 거저 줍는 거야."

이 달콤한 논리가 우리의 눈을 가렸습니다. '전기차 시대는 온다'라는 대명제에만 취해서, 가는 길이 결코 꽃길만은 아닐 거라는 현실의 변수들을 잊어버린 겁니다. 전기차 수요가 숨을 고를 수도 있다는 점, 원자재 가격이 널뛰기할 수 있다는 점, 무엇보다 중국 업체들이 무섭게 치고 올라온다는 위협을 우리는 애써 무시했죠. 결국 주가는 현실의 실적이라는 땅을 떠나, 오로지 믿음이라는 신기루 위에 위태롭게 떠 있게 되었습니다.

그렇게 영원할 것 같던 축제는 멈췄습니다. 전기차 성장이 더뎌지는 '캐즘(Chasm)'이라는 현실의 벽에 부딪히자마자 투자자들은 뒤늦은 계산서를 받아야만 했습니다. 완성차 업체들은 공장 짓기를 미뤘고, 창고에는 재고가 쌓였으며, 리튬 가격이 폭락하자 배터리 가격도 무너졌습니다. 꿈이라는 연료가 떨어지니 로켓은 추락했죠. 이 쓰라린 과정이 우리에게 다시금 투자의 제1원칙을 일깨워 준 겁니다. "아무리 위대한 성장 스토리라도 숫자로 증명되지 않으면 무너지는 모래성과 같다"라는 사실을 말입니다.

이제 어떻게 해야 할까요? 2차전지의 성장통으로 끝이 아닙니다. 앞으로 제2, 제3의 2차전지는 계속 나타날 겁니다. 그때마다 또다시 휩쓸리지 않으려면, 이 고통 속에서 배운 세 가지 옥석 가리기 필터를 반드시 가동해야 합니다.

첫 번째 필터는 '독점적인 기술 해자'의 존재 여부입니다. 단순히 시장 파이가 커진다고 그 안에 있는 모든 기업이 돈을 버는 게 아닙니다. 아무나 흉내 낼 수 있는 기술이라면 결국 가격 경쟁으로 다 같이 죽습니다. 경쟁사가 감히 넘볼 수 없는 특허, 혹은 압도적인 기술적 장벽이 있는지를 가장 먼저 확인하십시오.

두 번째는 '흑자 전환의 가시성'입니다. 만년 적자 기업이 "미래는 우리의 것"이라고 외치는 건 공허합니다. 지금 당장은 돈을 못 벌더라도, 가까운 미래에 구체적인 수익 모델을 통해 '언제, 어떻게' 이익을 낼 것인지 숫자로 증명할 수 있는 기업이어야 합니다.

세 번째는 아무리 좋은 기업도 가격이 중요하니 '밸류에이션의 합리성'을 따져야 합니다. 10년 후 이익을 미리 당겨와도 너무 당겨온 건 아닌지, 글로벌 경쟁사들과 비교했을 때 터무니없이 비싼 건 아닌지 의심하세요. 너무 비싼 가격에 사는 건 투자가 아니라 폭탄 돌리기일 뿐입니다.

2차전지 광풍은 뜨거운 꿈과 함께 깊은 상처를 남겼습니다. 하지만 그 상처 덕분에 우리는 더 똑똑해지고 강해졌습니다. 이제 테마만 쫓는 '묻지 마 투자'는 끝내야 합니다. 냉철한 분석으로 진짜배기를 찾아내는 스마트 성장 투자의 시대를 여십시오. 이 혹독한 성장통을 견뎌내고 살아남은 단단한 기업들이야말로 코스피 5,000 시대를 이끌 진정한 주인공이 될 것입니다.

파티 초대장을 받지 못한 자의
생존법

"뉴스를 틀면 맨날 코스피가 사상 최고치라는데, 도대체 왜 제 계좌는 아직도 시퍼런 파란불입니까? 삼성전자니 SK하이닉스니 다들 날아가는데, 제가 몇 년 전부터 들고 있던 이 수십 개 종목들은 왜 꿈쩍도 안 할까요?"

개인 투자자를 만날 때마다 가장 많이 듣는 질문입니다. TV를 켜면 온통 샴페인을 터뜨리는 축제 분위기입니다. 드디어 불장이 왔다고, 꿈의 코스피 5,000 시대가 열렸다고 떠들썩하죠. 하지만 개인 투자자들의 현실은 어떻습니까?

고금리와 고물가에 허덕이는 팍팍한 살림살이, 문 닫기 일보 직전인 자영업 경기, 그리고 그 현실을 거울처럼 비추듯 꿈쩍하지 않는 내 주식 계좌… 이 거대한 괴리감 앞에서 우리는 자조 섞인 한숨을 내뱉습니다. "결국 그들만의 잔치일 뿐, 나하고는 상관없는 딴 세상 이야기구나."

이 상대적 박탈감이야말로 코스피 5,000 시대를 살아가는 우리가 마주한 심리적 장벽이자 가장 위험한 함정입니다. 왜냐하면 이 지독한 소외감을 이기지 못하고 뒤늦게 이미 다 오른 급등주를 덜컥 추격 매수해 꼭지를 잡거나, "주식 시장은 역시 사기판이야"라며 모든 기회를 걷어차고 떠나는 극단적인 선택을 하기 쉽기 때문입니다.

지금부터는 이 냉혹한 양극화 현상의 본질을 파헤치고, 소외되지 않고 이 흐름에 당당하게 동참할 수 있는 생존 전략을 이야기하려 합니다. 코스피 5,000 시대는 결코 남의 잔치가 아닙니다. 판의 바뀐 규칙을 이해하고 내 그릇을 준비한다면, 모두 함께 그 과실을 나눌 수 있습니다.

과거의 강세장은 보통 'U' 자형이나 'V' 자형이었습니다. 경기가 회복되면 반도체든 건설이든 화학이든 사이좋게 같이 오르는 흐름이었죠. 지수가 오르면 내 계좌도 불어나는 비교적 공평하고 예측 가능한 시대였습니다.

2026년 강세장은 본질이 완전히 다릅니다. 냉혹한 'K' 자형 상승장입니다. 알파벳 K의 한쪽 팔은 하늘을 향해 치솟지만, 한쪽 다리는 끝없이 아래로 추락하죠. 어떤 섹터는 폭발적으로 상승하지만, 소외된 섹터는 철저하기 무너지는 극단적인 차별화와 쏠림 현상. 이것이 시장의 새로운 표준 '뉴 노멀'이 된 것입니다.

주식 시장만의 변덕이 아닙니다. 우리 경제와 산업의 판도 자체가 그렇게 쪼개지고 있기 때문입니다. 글로벌 경쟁에서 살아남아 시장을 독식하는 소수의 승자와 변화의 파도에 적응하지 못하고 도태되는 다수의 패자로 나뉘는 승자독식 경제가 가속한 결과이기도 합니다. AI와 반도체처럼 시대를 이끄는 산업은 돈을 쓸어 담지만, 변화에 뒤처진 전통 내수·제조·유통업은 성장이 멈췄거나 쪼그라들고 있는 것이 현실입니다.

"가만히 기다리면 내 차례도 오겠지"라는 과거의 순환매 논리는 이제 통하지 않습니다. 내 돈이 성장하는 산업에 올라타 있는지, 아니면 가라앉는 산업에 묶여 있는지 냉정하게 판단해야 합니다. 필요하다면 **뼈**를 깎는 심정으로 과감하게 갈아타는 결단이 필요한 시점입니다.

현재 수익을 내지 못하고 있는 투자자는 뭘 어떻게 해야 할까요? 중요한 건 넋 놓고 자포자기하거나 조급증에 시달려 아무거나 사지 않는 것입니다. 대신 전문가들이 하락장에서 생존하기 위해 실제로 사용하는 3단계 포트폴리오 구조조정을 즉시 실행하세요.

지금 당장 여러분이 보유한 모든 종목을 백지 위에 쭉 쓴 뒤 옆에 OX를 치는 겁니다. 이 종목이 현재 시장의 심장인 AI, 반도체, 밸류업 같은 주도 섹터에 속해 있는지, 아니면 시장의 관심권 밖으로 밀려난 소외 섹터인지 객관적으로 분류하는 작업입니다. 여기엔 "내가 이 회사 오래 봐서 아는데…" 같은 개인적인 감정이나 미련은 철저히 배제해야 합니다. 오직 사실만 보십시오.

그다음엔 결단이 필요합니다. 미래 성장 동력이 보이지 않는데도 "언젠가는 본전이 되겠지"라는 막연한 희망 고문으로 붙들고 있는 종목들, 이제는 놔주어야 합니다. 과감히 매도해서 정리하십시오. 지금 확정 짓는 손실은 투자 실패가 아닙니다. 썩은 가지를 잘라내고 새살이 돋게 하려고 치르는 비용이자 수업료라고 생각하는 게 맞습니다. 썩은 가지를 아깝다고 안고 있으면 결국 나무 전체가 병들어 죽게 되니까요.

또 하나, 전략적인 재편이 필요합니다. 소외주를 팔아서 현금을 쥐었다고 해서, 지금 붉은 기둥을 뿜으며 날아가는 주도주를 덥석 추격 매수하면 안 됩니다. K 자형 상승장에서도 주도주는 쉼 없이 오르지 않습니다. 반드시 숨을 고르는 구간, 즉 눌림목을 줍니다. 우리는 현금이라는 총알을 쥐고 인내심 있게 매복하다가 그 조정이 올 때를 잡아야 합니다. 주도주를 분할매수하며 내 포트폴리오의 체질을 새로운 시대에 맞게 바꿔나가는 작업입니다.

양극화는 참으로 불편하고 아픈 진실입니다. 하지만 뒤집어 보면, 그것은 시장이 보내는 가장 명확한 방향 지시등이기도 합니다. 돈의 흐름을 친절하게 알려주니까요. 더 이상 구석에서 소외감에 빠지지 마십시오. 여러분의 낡은 계좌를 냉철하게 수술하고, 용기를 내어 이 시대의 흐름 속으로 뛰어드십시오. 지금 당장 움직이는 자만이 코스피 5,000 시대의 과실을 내 것으로 만들 자격이 있습니다.

0%대 성장과 주가 랠리,
버블인가 기회인가?

지금 우리가 발을 딛고 서 있는 대한민국. 참으로 기이하고 낯선 풍경이지 않습니까? 한쪽을 보면, 경제 지표들은 마치 멸망이라도 예고하듯 싸늘한 경고음을 쏟아내고 있습니다. 한국은행과 KDI는 0%대 성장률을 점치고, OECD는 우리를 손가락질하며 G20 국가 중 꼴찌 수준의 성적표를 들이밉니다. 일할 사람은 줄어드는데 내수 경기는 꽁꽁 얼어붙었습니다. 경제학 교과서에서나 보던, 물가는 오르는데 경기는 침체하는 최악의 악몽 '스태그플레이션'의 그림자가 어른거리는 게 냉정한 현실입니다.

고개를 돌려 다른 한쪽을 보면 어떻습니까? 증권시장은 딴 세상 이야기처럼 연일 뜨겁게 불타오릅니다. 코스피는 사상 최고치를 갈아치우며 이제 아무도 '코스피 5,000'이라는 숫자를 비웃지 않습니다. 시장에는 사상 최대의 예탁금과 신용융자가 몰리며 축제 중이죠.

실물경제는 차갑게 식어가는데 자산 시장만 뜨겁게 달아오르는 이

기묘하고도 극명한 괴리의 현장. 지금 우리가 목격하는 이 화려한 랠리, 과연 한국 경제의 체질이 바뀌는 거대한 기회의 서막일까요? 아니면 썩은 바닥 위에 지어 올린 위험천만한 버블의 전조일까요?

이 질문에 답하는 것이야말로 코스피 5,000 시대를 살아가는 우리의 가장 시급한 과제입니다. 섣부른 낙관은 계좌의 파멸을 부르고, 근거 없는 비관은 인생을 바꿀 위대한 기회를 놓치게 만드니까요.

먼저 시장의 비관론자들, 그들의 버블 경고를 들어봅시다. 그들의 논리는 꽤 날카롭고 이성적입니다. 핵심은 간단합니다. "바닥이 썩었는데 어떻게 집을 짓느냐"라는 것이죠. 그들은 지금의 주가 상승이 기업이 돈을 잘 벌어서가 아니라, 오직 미래에 대한 막연한 기대감과 시장에 넘쳐나는 유동성이 억지로 밀어 올린 허상이라고 꼬집습니다. 게다가 이 상승세가 시장 전체의 건강한 체력 회복이 아니라, AI나 반도체 같은 극소수 주도주들만 비정상적으로 폭주하며 만들어낸 착시 현상이라고 경고합니다. 이 관점에서 본다면, 지금의 랠리는 언제 터질지 모르는 시한폭탄입니다.

반면, 낙관론자들의 목소리는 전혀 다릅니다. 그들은 이 괴리야말로 한국 증시가 드디어 껍데기를 깨고 있다는 강력한 증거라고 반박합니다. 과거 한국 증시는 수출이 잘 돼야만 오르는 천수답 증시였지만, 이제는 판이 바뀌었다는 겁니다. 왜냐고요? 바로 기업 밸류업 프로그램이 후진적인 지배구조를 뜯어고치는 중이고, AI 반도체라는 세계를 집어삼킬 강력한 신무기가 장착되었으니까요. 그래서 지금의 디커플링은 모순이 아니라 한국 자본주의가 선진국형으로 진화하는 과정에서 필연적으로 겪는 가치 재평가의 신호탄이라는 것이죠.

도대체 누구의 말을 믿어야 할까요? 제 결론은 명확합니다. 정답은 '둘 다 맞다'입니다. 코스피 5,000 시대는 분명히 우리에게 엄청난 기회의 문을 활짝 열어주었습니다. 하지만 그 문으로 가는 길은 지뢰처럼 깔린 수많은 버블과 붕괴의 위험이 있습니다. 그래서 현명한 투자자라면 한쪽에 치우친 맹목적인 믿음을 가져선 안 된다고 생각합니다. 이 두 가지 가능성이 공존함을 인정하고, 아주 정교한 양손잡이 전략을 구사해야 합니다.

우선 냉철한 선택과 집중이 필요합니다. 성장 동력이 꺼져가는 낡은 산업에는 '버블'이라는 딱지가 붙을 것이고, 새로운 시대를 이끄는 주도주에는 '기회'라는 이름표가 붙을 겁니다. 지금 시장은 극단적인 양극화 시장입니다. 여러분이 버블 쪽에 서 있느냐, 기회 쪽에 서 있느냐에 따라 5,000 시대는 천국도 지옥도 될 수 있습니다. 낡은 거품은 피하고, 확실한 주도주에 올라타십시오.

그다음은 철저한 리스크 관리입니다. 시장이 뜨거울수록 과도한 빚을 내는 레버리지는 독이 든 성배나 같습니다. 환희 속에서도 냉정함을 잃지 말고, 반드시 자신만의 손절매 원칙을 목숨처럼 지키십시오.

지금의 디커플링은 위기이자 기회입니다. 화려한 축제의 음악 소리 속에서도 비상구의 위치를 잊지 않고, 위험과 기회를 끊임없이 저울질하는 냉철한 투자자. 그런 사람만이 이 격동의 파도 위에서 살아남아 진정한 부의 주인으로 우뚝 설 수 있을 것입니다.

5천이 아니라 2천으로 무너지지 않는 구조가 먼저다

앞에서 우리는 가슴 벅찬 희망을 이야기했습니다. 코스피 5,000포인트 달성, 정부의 강력한 의지가 담긴 정책, 그리고 세상을 바꿀 AI 혁명이라는 엔진까지. 이 모든 이야기를 듣고 나니 지금 당장이라도 HTS를 켜고 매수 버튼을 누르고 싶은 마음이 가득할지도 모르겠습니다.

흥분한 머리에 찬물을 끼얹는 말을 꺼낼 차례입니다. 화려한 공격수가 아니라 골문을 지키는 수비수의 심정으로 말이죠. 이것은 코스피 5,000 시대의 긴 여정에서 여러분의 소중한 투자 인생을 지켜줄 가장 중요하고 현실적인 조언이 될 것입니다.

냉정하게 말해, 지금은 우리가 코스피 5,000 시대에 취해 있을 때가 아닙니다. 오히려 다시는, 정말 다시는 코스피 2,000이라는 절망적인 지하실로 굴러떨어지지 않을 견고한 구조를 만드는 것에 모든 에너지를 쏟아야 할 때입니다. 불과 몇 년 전인 2021년, 우리는 3,300포인트라는 천장을 보며 환호하다가 순식간에 2,200 바닥으로 곤두박질치는 끔찍한 악몽을 경험했습니다. 그 비극을 반복하지 않으려면 제발 지금 당장 머릿속에서 최고점의 수익률 계산을 멈추십시오. 대신 우리가 디디고 선 바닥이 진짜 콘크리트인지 아니면 무너지기 쉬운 모래인지부터 철저하게 두들겨 봐야 합니다.

2026년의 상승장이 과거와 다르다는 건 명백한 사실입니다. 하지만 아무리 좋은 집도 기반이 약하면 태풍에 무너집니다. 우리 주식 시장의 체력은 여전히 몇 가지 구조적인 취약점을 안고 있습니다. 이 틈새를 메우지 않은 채 정부 정책의 순풍이 멈추거나 글로벌 경제에 갑작스러운 찬바람이 불어닥친다면 또다시 속절없이 무너질 수 있습니다.

그렇다면 이 불안정한 세상 위에서 어떻게 해야 절대 무너지지 않는 부의 성을 쌓을 수 있을까요? 가장 먼저 경계해야 할 것은 맹목적인 집중입니다. 아무리 AI 반도체가 좋아 보여도, 내 전 재산을 '몰빵' 하는 것은 도박입니다. 반도체가 쉴 때 금융이 받쳐주고, 금융이 주춤할 때 바이오가 치고 나가는 구조를 만드십시오. 서로 다른 성격을 가진 산업에 자산을 고루 나누어, 특정 산업의 위기가 내 계좌 전체를 집어삼키지 못하게 막는 방어벽을 구축해야 합니다.

또한, 시야를 넓혀 대한민국이라는 울타리를 넘어서야 합니다. 코리아 디스카운트가 해소되고 있지만, 모든 자산을 한국 시장에만 묶어두는 것은 현명하지 않습니다. 반드시 포트폴리오의 일정 부분은 미국 S&P 500이나 나스닥 100 같은 글로벌 우량 자산에 태워, 국가 리스크 자체를 분산하는 지혜가 필요합니다.

마지막으로, 현금을 노는 돈이 아니라 가장 강력한 무기로 인식하십시오. 시장이 뜨거워지면 사람들은 현금을 들고 있는 걸 바보 같다고 생각하며 불안해합니다. 천만의 말씀이죠. 현금은 단순한 대기 자금이 아닙니다. 시장이 예기치 못한 악재로 발작을 일으키며 폭락할 때, 남들이 공포에 떨며 던지는 우량 자산을 가장 싼 가격에 주워 담을 수 있는 가장 강력한 기회비용입니다.

'코스피 5,000 시대'라는 말은 분명 우리 가슴을 뛰게 합니다. 하지만 진정한 투자의 대가는 모두가 축제에 취해 춤출 때, 홀로 조용히 비상구를 확인하고 구명조끼를 점검하는 사람입니다. 5,000포인트 시대에 살고 있지만 예고 없이 닥칠 수많은 파도와 폭풍우가 대기하고 있을지도 모릅니다.

그 모든 시련을 이겨내고 끝까지 살아남아 목적지에 깃발을 꽂는 사람은 가장 높이 날아오른 사람이 아닙니다. 가장 깊이 추락하지 않고 버티는 사람입니다. 당신의 진짜 투자 목표는 5,000이라는 숫자가 아닙니다. 어떤 태풍이 몰아쳐도 다시는 2,000이라는 진흙탕으로 돌아가지 않는, 단단하고 지속 가능한 부의 구조를 완성하는 것입니다.

코스피 5천 시대를 이끈 종목
현대차

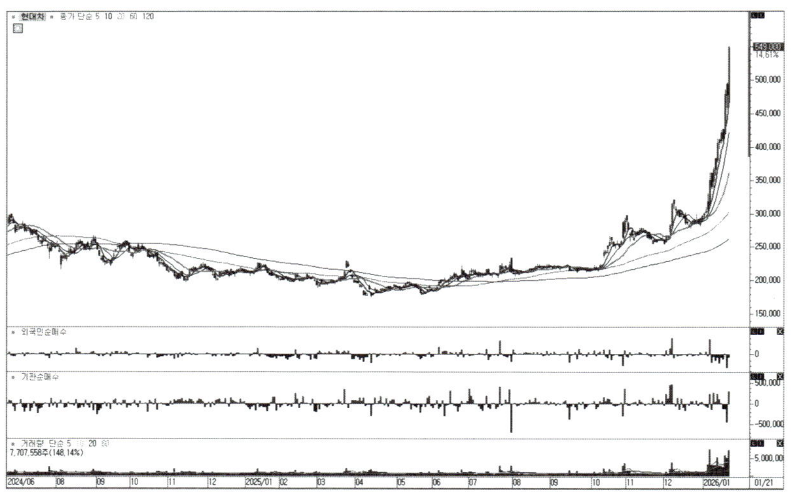

지금 우리는 코스피 5,000포인트라는 신대륙에 있습니다. 이 뜨거운
환호 속에서 대한민국 증시의 가장 묵직한 거함, 현대차가 무서운 속도
로 질주하고 있는 모습을 확인했을까요? 현대차를 바라보는 세간의 시

각이 완전히 뒤집히고 있습니다. 증권사가 현대차의 목표주가를 65만 원에서 단숨에 85만 원으로 끌어올렸습니다.

"작가님, 자동차 주식이 무슨 85만 원입니까?"라고 묻는 사람이 있을 겁니다. 하지만 숫자 자체가 아니라 그 숫자가 품은 미래의 지도를 봐야 합니다. 2026년 오늘, 우리가 알던 바퀴 달린 상자를 만드는 현대차는 이제 세상에 없습니다. 그 껍데기를 깨고 나온 것은 인공지능의 몸을 만드는 로봇 생태계의 절대 주권자입니다.

트럼프 대통령이 미국의 성장 동력 사업으로 로봇을 선택하고, 로봇에 대한 여러 기대가 쏟아지고 있습니다. 첫 번째는 바로 피지컬 AI입니다. 지능이 몸을 갖는다는 겁니다. 현재 현대차는 보스턴다이내믹스라는 자회사의 가치를 넘어, 로봇의 근육과 뇌를 직접 훈련하고 찍어내는 거대한 심장부가 되었습니다.

로봇이 인간처럼 자연스럽게 움직이게 만드는 엄청난 데이터를 현대차가 다 가지고 있는 겁니다. "삼성과 하이닉스가 로봇의 뇌와 메모리를 만든다면, 그 로봇을 실제 공장으로 보내 가동하고 이익을 뽑아내는 건 바로 현대차의 몫"이라는 사실에 외국인 투자자들이 환호하며 돈다발을 싸 들고 달려드는 것입니다.

다음은 제조 원가의 파괴입니다. 이게 정말 무서운 포인트인데요. 미국 공장 근로자 한 명에게 드는 연봉이 보통 7만에서 8만 달러입니다. 그런데 현대차가 상용화한 휴머노이드 로봇 아틀라스가 공장에 투입되면 어떻게 될까요? 초기 비용을 빼고 대량 양산 국면에 접어들면 로봇 한 대당 드는 시간당 비용이 고작 1.2달러로 떨어집니다. 중국 인건비의 6분의 1도 안 되는 수준이죠. 잠도 안 자고 불평도 안 하는 로봇 부대가

24시간 공장을 돌려 이익을 짜내는 겁니다. 2028년 이후 인건비 비중이 매년 1퍼센트씩 깎이는 마법, 이것이 현대차 주가 급등의 비밀입니다.

마지막으로 스마트 개미들을 위한 실전 처방법 하나 전하겠습니다. 지금 본주 가격이 부담스럽나요? 그럼, 고개를 살짝 돌려 우선주 금맥을 보십시오. 현대차는 2025년부터 2027년까지 3년 동안 4조 원에 달하는 자본을 태워 자사주를 소각하겠다고 공언했습니다. 특히 지금 보통주와 우선주의 괴리율이 무려 40퍼센트까지 벌어져 있습니다. 회사는 이 틈을 메우기 위해 우선주를 더 적극적으로 매입하고 소각하려 합니다. 싸게 사서 더 높은 배당수익률을 챙기면서 자사주 소각의 혜택까지 입는 것, 이게 바로 잃지 않는 투자의 정수입니다.

이제 막 시작된 이 거대한 구조적 성장의 과실을
온전히 누리는 현명한 투자자가 되길 바랍니다.

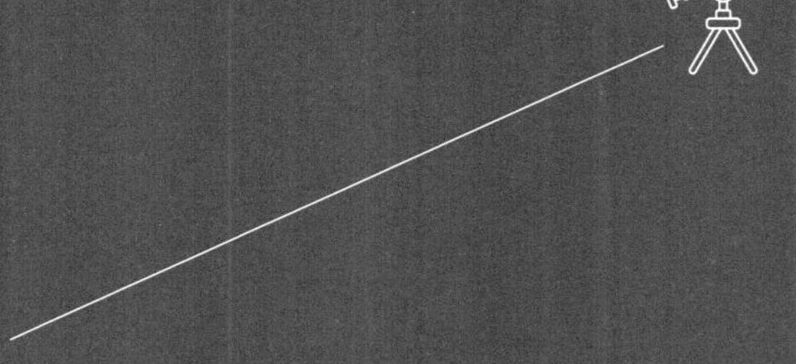

더 이상 짧은 자로 거인을 재려 하지 마십시오.
낡은 공식을 폐기하고,
이제 막 시작된 이 거대한 구조적 성장의 과실을
온전히 누리는 현명한 투자자가 되길 바랍니다.

슈퍼개미처럼
생각하고
행동하라

왜 시장이 아니라
기업을 봐야 하는가?

오늘 아침 눈을 뜨자마자 무엇부터 확인했나요? 밤사이 미국 증시는 어땠는지, 오늘 코스피 예상 지수는 빨간불일지 파란불일지, 아니면 외국인들이 선물을 팔았는지 샀는지…. 아마 대부분 비슷할 겁니다. 우리는 매일 시장의 표정을 살피고, 전문가라는 사람들의 전망에 귀를 기울이며, 이 거대한 파도의 방향을 예측하는 데 온 신경을 곤두세웁니다. 그래야만 실패하지 않는 정석 투자라고 굳게 믿으면서 말이죠.

그런데 그 부지런한 행동이 오히려 투자를 망치는 지름길일 수도 있습니다. 왜냐하면 농부는 매일 일기예보를 보면서 농사짓지 않기 때문입니다. 지혜로운 농부는 오늘 날씨가 좀 맑다고 아직 때도 안 된 씨앗을 마구 뿌리지 않습니다. 반대로 비가 좀 온다고 이제 막 자라나는 싹을 뽑아버리지도 않죠.

오로지 자신이 심은 씨앗의 생명력과 잠재력을 믿습니다. 비바람을 견디고 햇볕을 받아 결국 튼튼한 열매를 맺을 때까지 그저 묵묵히 밭을 지키며 기다릴 뿐입니다. 주식 투자는 농사와 같습니다. 변덕스러운 날씨 같은 시장을 맞히려고 애쓰는 헛수고를 멈추고, 내가 피땀 흘려 심은 기업이라는 씨앗의 가치에 집중하는 것. 이것이 핵심입니다.

"시장을 보지 말고 기업을 보라"라는 말은 단순한 격언이 아닙니다. 개인 투자자들이 왜 그토록 열심히 하고도 결국 돈을 잃는 실패의 굴레에 갇히는지를 꿰뚫는 통찰이자 투자의 정의를 완전히 새로 쓰는 말입니다. 시장을 자주 쳐다볼수록 투자자가 아니라 불안한 도박사가 되기 쉽습니다. 눈이 시장의 등락을 좇기 시작하면, 신경은 자연스럽게 가치가 아닌 가격에 쏠리기 때문입니다.

"미국이 금리를 내린다니까 지금 빨리 사야 해."
"중동에서 전쟁이 터졌다는데 내일 폭락하면 어쩌지? 당장 팔아."
"환율이 너무 뛰는데? 일단 현금 들고 관망하자."

보세요. 이 모든 판단의 주어가 무엇입니까? 전부 시장입니다. 정작 내가 투자한 기업이 이번에 어떤 혁신적인 신제품을 내놨는지, 실적은 얼마나 좋아졌는지 같은 본질적인 가치는 뒷전으로 밀려납니다. 오로지 뉴스 헤드라인과 거시 경제 지표라는 외부 변수에 내 소중한 자산을 거는 홀짝 게임을 하는 꼴입니다. 이건 투자가 아닙니다. 단기 등락을 맞히려고 안간힘을 쓰는 투기의 영역입니다.

시장을 예측하려는 시도는 필연적으로 우리를 불안의 늪으로 밀어넣습니다. 노벨상을 받은 경제학자들도 내일 주가를 못 맞히는데, 우리가 무슨 수로 그 변덕을 매일 맞히겠습니까. 애초에 불가능한 게임에 뛰어들었으니 지치고 불안해지는 건 당연합니다. 그러니 사고팔기를 반복하며 증권사 수수료와 세금만 바치고 계좌는 말라가는 것이죠.

결국 시장에 매달린 투자자는 평생 타이밍의 노예가 됩니다. "언제 사서 언제 팔까"라는 질문에 갇혀 하루 종일 초조하죠. 좋은 기업을 싸게 사놓고도 시장 분위기가 안 좋다는 이유로 겁을 먹고 바닥에 던집니다. 반대로 기업가치는 그대로인데 시장이 불장이라는 이유만으로 꼭지에서 덜컥 사는 실수도 반복합니다. 이것이 바로 시장이라는 소음에 귀를 뺏겨서 돈과 마음을 모두 잃는 패자의 공식입니다.

하지만 시선을 돌려 기업을 보는 순간, 여러분은 도박사가 아니라 평온한 동업자가 됩니다. "내일 시장이 오를까?"가 아니라 "이 기업의 10년 뒤는 어떤 모습일까?"를 묻습니다.

주식을 산다는 건 틱 차트(tick chart) 위의 숫자를 거래하는 게 아닙니다. 위대한 기업의 지분 일부를 소유하고 그 운명을 함께하는 동업입니다. 우리가 동업할 때 어떻게 합니까? 사업 아이템이 얼마나 훌륭한지, 사장이 믿을 만한 사람인지, 경쟁자를 이길 기술이 있는지를 따집니다. 한번 동업을 시작하면 오늘 매상이 좀 안 좋다고 해서 당장 계약을 파기하고 뛰쳐나가지 않습니다.

또 기업을 보는 투자자는 시간의 주인이 됩니다. '언제 파느냐'는 부차적인 문제입니다. 중요한 건 '얼마나 오래 이 위대한 기업과 동행할 것인가'입니다. 워런 버핏이 말했죠. "10년을 보유할 생각이 없다면 단 10분도 갖고 있지 말라." 이것이 기업을 보는 자의 태도입니다. 이들은 시장의 변동성을 위험이 아닌 기회로 활용합니다. 시장 전체가 공포에 질려 투매할 때, 오히려 "고맙습니다"를 외치며 싸게 나온 위대한 기업의 지분을 쓸어 담습니다.

　그렇다면 지금 당장 무엇을 해야 할까요? 시선을 옮기는 작은 습관부터 시작해 봅시다. 내일 아침부터는 제발 증시 지수 확인 좀 미루고, 여러분이 투자한 그 기업이 무슨 신제품을 냈는지, 경쟁사는 뭘 하고 있는지에 관한 뉴스부터 찾아보세요. 하루에도 수십 번씩 들여다보는 시세 창은 끄고, 그 시간에 기업의 분기 보고서를 한 페이지라도 더 읽는 게 낫습니다. 증권사에서 쏟아내는 '내일 코스피 전망' 같은 리포트보다, 이 산업이 10년 뒤에 어떻게 바뀔지를 다룬 묵직한 트렌드 리포트를 믿길 바랍니다.

　시장의 날씨는 우리가 죽었다 깨어나도 통제할 수 없습니다. 하지만 어떤 튼튼한 씨앗을 고를지, 얼마나 깊이 심을지, 그리고 얼마나 오랫동안 정성껏 가꿀지는 온전히 우리의 선택에 달려 있습니다.

　이제 안개 같은 시장을 쫓아다니는 불확실한 도박을 멈추십시오. 대신 '위대한 기업'이라는 단단한 땅 위에 여러분의 부를 차곡차곡 쌓아 올리십시오. 그것만이 코스피 5,000 시대에 흔들리지 않는 평온함과 경제적 자유를 동시에 얻는 유일한 길입니다.

가치 투자,
싸게 사서 제값에 파는 기술

투자의 세계에는 참으로 많은 갈림길이 있습니다. 하지만 역사가 증명한 진짜 고수들, 그 위대한 투자자들이 결국 만나게 되는 하나의 종착지가 있죠. 바로 '가치 투자'입니다. 워런 버핏부터 벤저민 그레이엄, 그들은 모두 이 단단한 원칙 위에서 부의 성을 쌓아 올렸습니다.

"시장을 보지 말고 기업을 보라"라는 말이 투자의 헌법이라면, 가치 투자는 그 법을 집행하는 가장 정교하고 강력한 실행 기술입니다. 막연하게 "좋은 회사 사두세요" 하는 덕담이 아닙니다. 훨씬 더 차갑고 냉철한 계산의 영역이죠. 기업의 본질적인 가치를 숫자로 계산하고, 시장이 겁을 먹어서 그 가격을 헐값에 던질 때 주워 담아 마침내 제값을 받을 때까지 끈기 있게 버티는 과정이니까요. 감각으로 하는 예술이 아니라 철저한 분석과 인내가 필요한 과학에 가깝습니다.

코스피 5,000 시대, 쏟아지는 테마와 정보의 소음 속에서 여러분의 계좌를 지키고 키울 가장 튼튼한 방패가 필요하다면? 답은 단연 가치 투자입니다. 가치 투자의 첫 단추는 매일 HTS에 찍히는 가격(Price)과 그 기업이 품고 있는 가치(Value)가 전혀 다른 말이라는 걸 깨닫는 데서 시작합니다. 대부분은 가격만 봅니다. 오르면 흥분, 내리면 공포죠. 하지만 진짜 투자자는 그 가격표 뒷면의 변하지 않는 가치에 집중합니다. 그러면서 그 둘 사이에 거대한 틈이 벌어지는 순간, 즉 '안전마진'이 확보되는 결정적 순간을 기다립니다.

그렇다면 보이지 않는 기업의 가치를 도대체 어떻게 재는 걸까요?

첫 번째 저울은 '자산가치'입니다. "내일 당장 이 회사가 망해서 짐 싸면 주주인 나한테 얼마가 떨어질까?"를 계산하는 아주 보수적인 잣대죠. 총자산에서 빚을 뺀 순자산을 주식 수로 나눈 것, 즉 BPS(주당순자산가치)가 2만 원인데 주가가 1만 원이라면? 이 회사의 주가는 지금 청산가치보다 반토막인 상태인 50% 바겐세일 구간에 있는 겁니다. 고수들은 자산이 시총보다 많은 저평가 기업을 놓치지 않았습니다.

두 번째 저울은 '수익가치'입니다. 기업의 존재 이유는 돈을 버는 거죠. 지금 벌어들이는 돈에 비해 주가가 얼마나 싼지 따져보는 겁니다. 가치 투자자들은 PER(주가수익비율)은 업종 평균보다 낮으면서도, ROE(자기자본이익률)는 15% 이상 꾸준히 찍어주는, 한마디로 싸고 능력 있는 녀석을 찾아 헤맵니다. 고수들이 찾는 고배당주도 결국은 꾸준히 돈을 잘 버는 기업만이 할 수 있는 주주환원이기에, 이 수익가치와 맥락이 닿아 있습니다.

세 번째 저울은 '성장가치'입니다. 투자의 눈은 과거가 아닌 미래를 향해야 합니다. 지금 당장의 숫자는 좀 비싸게 보여도, 산업 자체가 구조적으로 커지거나 독점적 기술 해자가 있어서 미래 이익이 기하급수적으로 폭발할 기업들이 있습니다.

이런 기업을 찾는 노력이 필요합니다. 하지만 이렇게 싸고 좋은 기업을 찾아냈다고 끝이 아닙니다. 마지막이자 가장 힘든 관문은, 시장의 무관심 속에서 그 가치가 세상의 인정을 받을 때까지 기다리는 지독한 '인내'의 시간입니다.

그 시간이 1년이 될지, 3년이 될지 아무도 모릅니다. 그동안 시장은 온갖 잡주와 테마주들이 상한가를 치며 여러분을 유혹할 겁니다. 바로 이 고독한 기다림의 가치를 이해하는 자만이 가치 투자의 최종 과실을 맛볼 수 있습니다. 주가는 결국 기업의 본질 가치에 수렴한다는 차가운 진리를 믿고, 시장의 단기적인 소음에 흔들리지 않는 평정심. 그것이야말로 가치 투자의 완성일 것입니다.

모멘텀 투자,
달리는 말에 올라타는 기술

"밀짚모자는 겨울에 사라."

주식 격언 중에 누구나 한 번쯤 들어봤을 법한 유명한 말이죠. 남들이 쳐다보지도 않을 때 미리 싸게 사서, 여름에 모두가 찾을 때까지 끈기 있게 기다리라는 가치 투자의 정석이기도 합니다.

"가장 뜨거운 여름날, 불티나게 팔리는 밀짚모자라면 웃돈을 주고서라도 사라."

이 말은 어떻습니까? 아마 듣자마자 거부감이 드는 사람도 있을 겁니다. 정반대인 이 말은 시장에서 가장 강력하고 빠르게 달리는 말에 과감히 올라타는 '모멘텀 투자'의 철학입니다. "그거 그냥 위험한 추격 매수 아닌가요?", "이미 다 오른 주식 따라 샀다가 물리면 약도 없다던데….”

네, 맞습니다. 아무런 원칙이나 기술 없이 덤벼든다면 모멘텀 투자는 계좌를 가장 빠르게 깡통으로 만드는 맹독이 됩니다. 하지만 잘 이용하는 고수들은 이것으로 부자가 되었습니다.

그들은 모멘텀 투자를 단순히 오르는 주식을 따라 사는 무모한 행위로 보지 않았습니다. 대신 시장의 거대한 힘 즉 모멘텀이 폭발적으로 증폭되는 변곡점을 포착해 그 파도에 올라타고, 힘이 소진되기 직전에 미련 없이 뛰어내리는 정교한 기술로 접근했기 때문입니다. 가치 투자가 기업의 펀더멘털에 뿌리를 둔다면, 모멘텀 투자는 철저하게 시장의 심리학 위에 서 있습니다.

왜 오르는 주식은 계속 오를까요? 그 근저에는 인간의 강력한 본능이 깔려 있습니다. 한번 방향을 잡고 달리기 시작하면 멈추지 않으려는 관성의 법칙, 그리고 남들이 다 돈을 버는데 나만 소외될 수 없다는 군중 심리가 폭발적인 가속도를 만들기 때문입니다.

모멘텀 투자자는 바로 이 거대한 에너지를 역이용합니다. "나는 종목을 고르지 않는다. 시장이 알아서 골라준다"라는 말이 있는데, 이것이 바로 모멘텀 투자의 정수입니다. AI든 2차전지든 시장이 거대한 이야기를 만들고 돈이 봇물 터지듯 쏠리는 그곳에 가장 강력한 기회가 있음을 인정한 것이죠.

상투를 잡는 추격 매수는 이미 축제가 끝나갈 무렵, 모멘텀의 힘이 다 빠진 마지막 불꽃에 흥분해 뛰어드는 것입니다. 성공적인 모멘텀 투자는 주가가 긴 횡보나 조정을 끝내고 이제 막 폭발하기 시작하는 그 찰나에 변곡점을 낚아챕니다.

이 변곡점은 어떻게 찾을까요? 차트에 답이 있습니다.

가장 강력한 차트 신호는 주가가 수개월, 길게는 수년간의 지루한 박스권에 갇혀 있다가, 어느 날 갑자기 엄청난 거래량을 동반한 장대양봉을 뿜어내며 그 박스권 상단을 뚫어버리는 순간입니다. 이것은 오랫동안 억눌렸던 에너지가 드디어 분출하며 새로운 시세의 시작을 알리는 축포와 같습니다.

내 머리 위에 더 이상 물린 사람이 아무도 없이 역사적 신고가의 영역으로 진입하는 순간, 혹은 AI나 밸류업처럼 세상을 지배하는 새로운 테마가 등장했을 때 가장 먼저 치고 나가는 대장주를 발견하는 순간이 바로 그 타이밍입니다.

모멘텀 투자는 불나방처럼 불꽃에 뛰어드는 도박이 아닙니다. 시장의 에너지인 수급이 어디로 뭉치고 있으며, 그 에너지가 언제 임계점을 넘어 폭발하는지를 냉철하게 계산하는 일종의 물리학입니다.

여러분은 두 개의 무기를 모두 손에 쥐어야 합니다. 시장이 지루하게 횡보할 때는 쌀 때 사서 기다리는 가치 투자자가 되십시오. 하지만 시장에 강력한 바람이 불어올 때는 주저 없이 모멘텀이라는 돛을 펼치고, 그 속도를 즐기는 서퍼가 되십시오. 가치라는 방패와 모멘텀이라는 창을 자유자재로 다룰 수 있어야 험한 파도가 수시로 몰아치는 시장에서 살아남을 수 있습니다.

가치주 스윙 투자,
투자자 맞춤형 생존 조합

앞에서 우리는 투자의 양대 산맥인 두 가지 철학을 깊이 파고들었습니다. 하나는 기업의 내재가치를 믿고 끈기 있게 버티는 가치 투자라는 견고한 방패였고, 다른 하나는 시장의 거대한 힘에 올라타 전속력으로 달리는 모멘텀 투자라는 날카로운 창이었습니다.

"다 좋은 얘기지만 저는 워런 버핏처럼 수년을 기다릴 인내심이 없고, 그렇다고 데이 트레이더처럼 0.1초를 다투며 단타 칠 순발력도 없습니다. 본업도 바쁜데 평범한 저는 도대체 어느 길로 가야 합니까?"

아마 이쯤 되면 여러분 마음속에 이런 아주 현실적이고 답답한 질문 하나가 떠오를 겁니다. 중요한 질문입니다. 사실 대부분의 개인 투자자, 특히 직장에 다니거나 자영업자라면 이 양극단의 철학을 100% 실천하기는 현실적으로 불가능합니다. 그래서 늘 이도 저도 아닌 어정쩡한 회색지대에서 길을 잃곤 하죠. 가치 투자를 한답시고 샀다가 지루해서 단타를 치고, 모멘텀 투자한답시고 급등주를 샀다가 물려서 비자발적 장기투자로 이어지는 비극의 시작이 바로 여기입니다.

우리 같은 평범한 투자자를 위한 제3의 길은 없을까요? 안전함은 챙기면서도 수익의 답답함은 뚫어주는 그런 하이브리드 전략 말입니다. 분명히 있습니다. 가장 현실적이고 강력한 대안으로 '가치주 기반의 스윙 투자'를 제시합니다. 이것이야말로 변동성과 기회가 공존하는 시대에 여러분의 계좌를 꾸준히, 그리고 잃지 않고 우상향시킬 가장 강력한 개인 맞춤형 무기가 될 것입니다.

'가치주 스윙 투자', 이름은 거창해 보이지만 개념은 아주 단순합니다. 한마디로 우량 기업의 파동을 타는 기술입니다. 기분 내키는 대로 사고파는 충동이 아니라 철저하게 짜인 3단계 전략의 산물입니다.

먼저 시장을 볼 때 철저히 가치 투자자의 눈으로 보는 겁니다. 차트부터 보지 말고 재무제표와 업황을 뜯어보며, 본질 가치에 비해 현저히 저평가된 튼튼한 우량 기업 리스트를 뽑습니다. 이때 좋은 기업이라고 덥석 물면 안 됩니다. 지독한 인내의 시간이 필요합니다.

시장이 이 좋은 기업에 무관심하거나 조정을 줄 때까지, 주가가 충분히 싸질 때까지 매의 눈으로 기다려야 합니다. 그러다 기술적으로 의미있는 상승 반전 신호가 딱 포착되는 그 최적의 타이밍, 바로 그때 진입하는 겁니다.

진입에 성공해서 주가가 단기 혹은 중기 파동을 타고 오르면, 우리는 스윙 투자자의 마인드로 변신할 차례입니다. 설령 주가가 내재가치

100%에 도달하지 않았더라도, 미리 정해둔 목표 수익률에 도달하면 미련 없이 이익을 실현하고 빠져나오는 거죠.

이 전략의 묘미가 보이나요? 가치 투자라는 안전벨트로 하락 리스크를 꽉 잡고, 그 안에서 스윙 투자라는 엔진으로 자금 회전율을 높이는 방식입니다. 애초에 부실한 잡주는 거들떠보지도 않았으니 시장이 폭락해도 내 자산은 상대적으로 안전하고, 동시에 주가가 제 가치를 찾아가는 과정의 파동만 뽑아 먹으며 복리 효과를 극대화하는 것이죠.

이 전략의 승패는 '언제 방아쇠를 당기느냐'라는 기술에 달려 있습니다. 좋은 종목을 골라놓고 기다리다 보면 차트는 우리에게 분명한 신호를 보냅니다. 대표적인 청신호는 상승 추세 중에 주가가 잠시 숨을 고르며 내려오다가 일 이동평균선에서 딱 지지를 받고 튀어 오르는 순간입니다.

또는 수개월간 지루하게 옆으로 기어가던 주가가, 과거엔 뚫지 못했던 장기 박스권 상단을 엄청난 거래량과 함께 시원하게 돌파하는 지점 역시 아주 강력한 매수 신호가 됩니다. 여기에 단기와 장기 추세의 힘을 보여주는 보조지표 MACD가 골든크로스를 그리며 상승 에너지를 뿜어낸다면? 금상첨화겠죠.

결론적으로, 가치주 기반의 스윙 투자는 저나 여러분 같은 평범한 개인 투자자들에게 신이 주신 가장 균형 잡힌 무기입니다. 순수 가치 투자의 하염없는 기다림에 지쳐 떨어지지 않게 해주고, 순수 모멘텀 투자의 아찔한 롤러코스터 공포에서 우리를 지켜주니까요.

오늘부터 여러분만의 우량 기업 관심 종목 리스트를 만드십시오. 그리고 제발 조급해하지 마십시오. 시장은 언제나 우리에게 좋은 기업을 싸게 살 기회를 생각보다 자주 줍니다. 묵묵히 그 '매수 타점'을 기다렸다가 진입하고, 욕심부리지 않고 목표 수익을 챙겨 나오는 것. 이 단순하고 강력한 리듬을 온전히 내 것으로 만들 때, 여러분의 계좌는 화려하진 않아도 절대 무너지지 않는 결과를 가져올 것입니다.

시간 여행과 생각의 훈련이
미래 수익을 만든다

지금까지 우리는 가치 투자니 모멘텀 투자니 하는 구체적인 전략 무기들을 갈고 닦았습니다. 하지만 모든 전략을 넘어 투자 성패를 결정짓는 근본적인 자세 하나가 남아 있습니다. 단순히 돈을 버는 기술 따위가 아닙니다. 시장에서 살아남는 투자자가 반드시 갖춰야 할 관점의 혁명에 관한 이야기입니다.

"주식 투자는 결국 시간 여행입니다."

이 말이야말로 거친 파도 속에서 길을 잃은 우리에게 등대가 되어줄 가장 위대한 통찰이라고 생각합니다. 몸을 지금 여기에 두되 생각은 5년, 10년 후의 미래로 날려 보내 그 미래의 시점에서 지금을 내려다보는 것입니다. 안타깝게도 투자자 대부분은 오늘 아침 발표된 경제 지표, 지금 막 스마트폰에 뜬 뉴스 속보 같은 현재의 감옥에 갇혀 있습니다. 하지만 진정한 기회는 현재가 아닌 미래에 있습니다. 2000년대 초, 한강에 자전거를 타는 사람들을 보면서 관련주를 매수해 엄청난 수익을 올린 투자자들이 있습니다. 그들은 웰빙 트렌드가 시작되고 정부가 정책을 밀어주면, 수년 뒤 한강 공원이 자전거를 타는 사람들로 가득 찰 것이라는 미래의 풍경을 그린 것이죠. 그 미래에 확신이 있었기에 당장의 지루한 주가 횡보를 견디고 마침내 전설적인 수익을 낼 수 있었습니다.

"인구 고령화는 어떤 산업을 거대하게 키울까?"
"기후 변화는 어떤 기업에게 생존의 기회를 줄까?"
"AI는 우리의 일상을 또 얼마나 바꿔놓을까?"

여러분도 상상해 보세요. 10년 후 우리 사회는 어떻게 변할까요. 이 거대한 질문들에 답을 찾는 바로 그 과정에, 남들은 절대 보지 못하는 위대한 기회가 숨어 있습니다. 아직도 많은 사람이 주식 투자를 "다음 달에 어떤 종목이 오를까요?"라는 질문에 정답을 맞히는 객관식 시험이라고 착각합니다. 알다시피 시장에는 정답이 없습니다. 오직 확률과 대응만이 존재할 뿐입니다.

생각의 훈련이란, 단 하나의 정답을 예측하려는 헛된 노력을 멈추고, 앞으로 벌어질 여러 갈래의 미래 시나리오를 설계하는 것입니다. 그리고 각 상황이 닥쳤을 때 로봇처럼 행동할 계획을 미리 세우는 과정이죠.

"주가가 오르면 이 지점에서 기분 좋게 분할 매도한다."
"내 생각과 달리 폭락하면 이 선에서 미련 없이 손절한다."

이렇게 각본을 짜두는 겁니다. 여러 개의 시나리오를 주머니에 넣고 다니는 투자자는 어떤 돌발 상황에서도 당황하지 않습니다. 남들이 공포에 질려 투매하거나 탐욕에 눈이 멀어 추격 매수할 때, 미리 짜놓은 각본에 따라 침착하게 실행 버튼을 누를 뿐입니다. 이때부터 시장의 변동성은 스트레스가 아니라, 내가 설계한 시나리오 중 어느 것이 현실이 되는지 지켜보는 아주 흥미진진한 지적 게임으로 변하게 됩니다.

결론적으로, 시간 여행은 어디에 투자해야 하는지 방향성을 알려주고, 생각의 훈련은 그 길을 어떻게 걸어가야 하는지에 대한 구체적인 전략을 제공합니다.

지금 당장 여러분의 투자 노트를 펴고 이 두 가지 훈련을 시작하십시오. 10년 후 대한민국의 모습을 그려보고, 그 미래의 무대에서 주인공이 될 기업들의 이름을 적어보십시오. 그리고 그 기업들에 대해 최상과 최악의 시나리오를 짜고, 각각의 상황에서 나는 어떻게 행동할 것인지 행동 지침을 적어두십시오.

이 훈련을 반복한다면, 여러분은 더 이상 시장의 소음에 휘둘리는 나약한 개미가 아닙니다. 거대한 시간의 흐름을 읽고 자기 생각으로 미래를 설계하는, 고요하고 강한 투자자로 다시 태어날 것입니다.

코스피 5천 시대를 이끈 종목
효성중공업

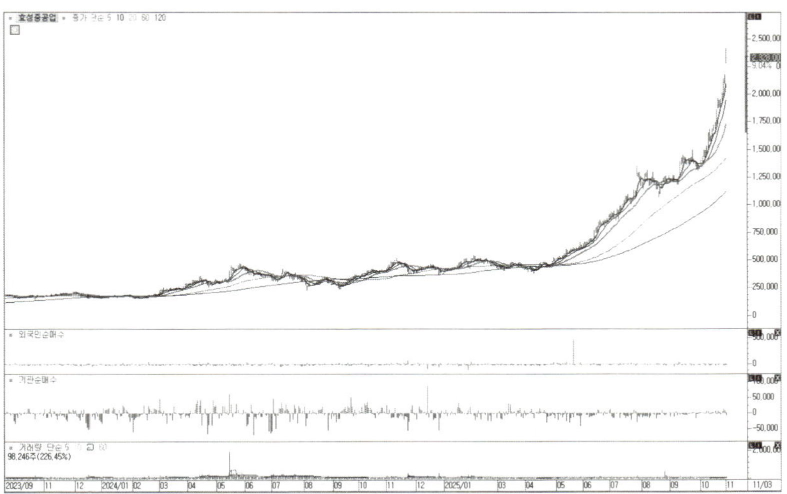

AI라는 거대한 파도가 온 세상을 휩쓸고 지나간 2025년, 우리가 미처 보지 못했던 곳에서 묵묵히 세상을 지탱하던 어느 기업의 부활은 한 편의 서사시 같았습니다. 바로 효성중공업 이야기입니다. 2025년 1월 사양 산업의 전유물로 여겨지던 무거운 몸집을 뒤로하고 시작된 이들의 비상은, 무려 300%라는 경이로운 주가 상승률을 기록하며 대한민국 증시의 진정한 주인공으로 우뚝 섰습니다.

이 드라마틱한 반등의 중심에는 전 세계가 직면한 에너지 굶주림이 자리하고 있습니다. 인공지능이 더 똑똑해지고, 데이터센터가 더 거대해질수록 세상은 더 많은 전기를 원했습니다. 하지만 전기를 만드는 것만큼이나 중요한 것이 바로 그 전기를 안전하고 효율적으로 전달하는 일이었지요.

미국을 비롯한 선진국들의 전력망은 이미 수십 년 전의 낡은 옷 같았고, 이를 통째로 교체해야 하는 '전력 인프라 슈퍼사이클'이 도래했습니다. 효성중공업은 이 기회를 놓치지 않았습니다. 수십 년간 축적해 온 고압 변압기 기술력은 미국 시장의 노후 전력망 교체 수요와 맞물리며 폭발적인 수주로 이어졌고, 텍사스 등 현지 공장의 가동률이 정점에 달할 때마다 주가는 거침없이 천장을 뚫고 올라갔습니다.

그뿐 아닙니다. 탄소중립이라는 거대한 시대적 과제 속에서 신재생에너지로의 전환은 효성중공업에 또 다른 날개를 달아주었습니다. 태양광과 풍력 같은 불규칙한 에너지를 안정적인 전력으로 변환해 주는 변전 설비 수요가 전 세계적으로 빗발치기 시작한 것입니다.

특히 효성중공업의 강점인 첨단 송전 기술은 전력 계통의 안정성을 확보하려는 글로벌 에너지 기업들에게 대체 불가능한 선택지가 되었습니다. 2025년 한 해 동안 수주 잔고가 매 분기 역대 최고치를 경신하며 "공장이 모자라 물건을 못 판다"라는 행복한 비명이 들려왔습니다. 그제야 투자자들은 이 기업이 단순히 무거운 기계를 만드는 회사가 아니라 미래 에너지 생태계의 혈관을 만드는 핵심 인프라 기업임을 깨닫게 되었습니다.

300%라는 수익률과 함께 기록된 주가는 그간 소외되었던 전통 산업이 첨단 기술과 만나 어떻게 화려하게 재탄생할 수 있는지를 보여주는 완벽한 증거가 되었습니다.

탐욕과 공포를 다스려라

FOMO와 추격 매수,
모든 실패의 시작

주식 투자에서 내 돈을 가장 잔인하게 파괴하는 적은 누구일까요. 차트를 흔드는 세력? 예측할 수 없는 미 대선 결과? 아닙니다. 가장 무서운 적은 바로 우리 마음속에 살고 있는 '나' 자신입니다. 조금 더 구체적으로 말하자면 "나만 이 파티에서 뒤처지면 어떡하지?"라는 아주 원초적이면서도 치명적인 심리, 바로 '포모(FOMO: Fear Of Missing Out)'죠.

포모는 투자 세계에서 우리의 이성적인 판단 회로를 툭 하고 끊어버립니다. 멀쩡하던 사람도 포모에 감염되면 순식간에 눈이 뒤집히고 치명적인 실수를 저지르기 일쑤입니다. 그 전형적이고 비극적인 증상은 모든 실패의 어머니라 불리는 '추격 매수'입니다.

지금부터 이 지긋지긋한 악순환의 고리를 끊어내야 합니다. 도대체 왜 우리는 불나방처럼 급등주에 뛰어들 수밖에 없는지 그 심리적 각본을 분석하고, 빨간 불기둥 앞에서 냉철한 이성을 되찾을 수 있는 강력한 행동 원칙을 세웁시다. 이걸 해결하지 못하면 아무리 코스피 5,000 시대라고 해도 그 과실은 절대 내 것이 될 수 없기 때문입니다.

어떤 종목이 막 오르기 시작할 때, 대부분은 팔짱을 끼고 봅니다. "에이, 저거 이유 없는 작전주야", "저러다 곧 떨어지겠지"라며 합리적으로 의심하죠. 문제는 주가가 계속 상승하면 후회와 조바심이 생긴다는 겁니다. 내 예상과 달리 주가가 멈추지 않고 연일 폭등합니다. 관망하던 마음은 급격히 흔들립니다. "아이고, 그때 살걸" 하는 후회가 밀려오고, 친구 누구는 돈을 벌었다더라 하는 소식에 "나만 소외되는 거 아냐?"라는 조바심이 심장을 옥죄기 시작합니다.

그러다 마침내 비이성적인 매수를 시작합니다. 주가가 더 오르는 것을 지켜단 보는 심리적 고통이, 돈을 잃을지도 모른다는 공포를 압도해 버리는 순간입니다. 결국 뇌는 모든 이성적 판단을 포기하고 백기를 듭니다. 그리고 최고점 꼭대기에서 '묻지 마 매수' 버튼을 누르죠. 이것이 바로 우리가 수도 없이 반복해 온 비극의 시나리오 전말입니다.

이 강력한 포모 바이러스를 퇴치하려면 단순히 "참아야지" 하는 의지만으로는 부족합니다. 충동이 해일처럼 밀려올 때, 즉각적으로 이성의 브레이크를 밟아줄 확실한 행동 원칙이 필요하죠.

가장 건저 해야 할 일은 물리적 차단입니다. 미친 듯이 오르는 급등주를 발견했다? 그 즉시 HTS나 MTS 화면을 끄십시오. 그리고 책상 서랍을 열어 여러분이 사전에 세운 매수 원칙을 다시 소리내어 읽는 겁니다. "20일 이동평균선 눌림목에서만 산다", "PBR 1배 이하 저평가 구간에서만 산다"라는 원칙 말입니다. 지금 여러분을 유혹하는 그 종목이 이 기준에 부합합니까? 장담컨대 99%의 경우 답은 "아니요"일 겁니다. 원칙이 아니라면 매수도 없습니다.

바다에 있는 물고기를 다 잡을 수는 없습니다. 내가 놓친 급등주는 그저 내 원칙과 기준에 맞지 않았을 뿐입니다. 원칙을 어기고 운 좋게 수익을 냈다 해도 독이 든 사과일 뿐입니다. 나쁜 습관은 결국 나중에 더 큰 손실로 반드시 청구서를 내밀 테니까요.

마지막으로, 지금 저지르려는 추격 매수의 기회비용을 계산해 보십시오. 지금 저 고점에서 위험한 도박에 내 피 같은 돈을 묶어버리면 어떻게 될까요? 앞으로 다가올 확실하고 안전한 저점 매수의 기회, 그 황금 같은 기회가 왔을 때 손가락만 빨아야 합니다. 오늘의 조급함이 미래의 진짜 기회를 앗아간다는 사실을 반드시 인식해야 합니다.

추격 매수는 용기가 아닙니다. 그저 나약한 조급함이고, 기회 포착이 아니라 무모한 위험 인수입니다. 투자의 길목마다 화려한 급등주들이 우리를 꼬드길 겁니다. 그 유혹의 춤판 앞에서 냉정함을 유지하십시오.

진정한 부는 하늘로 치솟는 불꽃놀이 속에 있지 않습니다. 나만의 원칙이라는 울타리 안에서, 그 기준을 지키며 쌓아가는 단단한 과정 안에 있다는 사실을 절대 잊지 말길 바랍니다.

수익 관리의 비밀,
벌었으면 빼라

주식 투자에서 가장 짜릿한 순간이 언제일까요? 내가 산 종목이 급등해서 계좌에 선명한 붉은색 숫자가 찍히는 순간일 겁니다. 1,000만 원이 1,200만 원이 되고, 1,500만 원으로 불어나는 걸 보면 마치 세상을 다 가진 듯한 성취감에 휩싸입니다. "나한테 정말 재능이 있나 봐", "이 돈까지 합쳐서 더 크게 굴리면 금방 부자 되겠는데?" 하는 생각이 절로 들죠. 바로 그 가장 달콤한 순간에 '탐욕'이라는 독이 자라납니다.

수익이 나자마자 그 돈을 내 주머니에 넣는 게 아니라, 다음 도박판을 위한 베팅 칩으로 여기는 생각이 모든 비극의 시작입니다. 시장에서 10년, 20년 꾸준히 살아남는 투자자와 반짝 성공했다가 연기처럼 사라지는 투자자를 가르는 결정적인 차이도 이것입니다. 바로 '번 돈을 다루는 기술' 말이죠.

지금부터 트레이더들이 목숨처럼 지키는 수익금 관리의 비밀을 파헤쳐 봅시다. 단순한 자산 관리 팁이 아닙니다. 탐욕이라는 내면의 괴물을 통제하고, 항상 냉정한 이성을 유지하게 만드는 고도의 심리 통제 기술입니다.

우리는 왜 자꾸 복리의 함정에 빠질까요? 이유는 간단합니다. 계좌에 찍힌 숫자가 가진 기묘한 마력 때문입니다. 피땀 흘려 번 월급이나 지갑 속의 현금과는 달리 HTS 화면 속의 돈은 마치 게임 머니나 사이버 머니처럼 비현실적으로 느껴집니다.

예를 들어 1,000만 원으로 200만 원을 벌어서 1,200만 원이 되었다고 칩시다. 그때부터 뇌는 착각을 시작합니다. 1,200만 원 전체를 나의 투자 원금으로 인식하는 거죠. 그러면서 리스크 계산 회로가 꼬이기 시작합니다. 원금 1,000만 원 기준으로 100만 원 손실은 10%라는 꽤 큰 타격이지만, 1,200만 원을 기준으로 보면 8% 남짓일 뿐이라고 자신을 속입니다. "수익금 까먹는 거니까 아직 괜찮아"라며 손실을 합리화하고, 손절매 타이밍을 놓치죠. 결국 벌었던 돈을 다 토해내고 원금까지 갉아먹는 비극을 맞이합니다. 이것이 수익금을 계속 재투입해 배팅하는 복리 게임을 하려다 투자자 대부분이 실패하는 과정입니다.

진짜 프로들은 이 교묘한 탐욕의 덫을 어떻게 피해 갈까요? 그들의 비결은 허무할 정도로 단순하고 기계적입니다. 바로 '벌었으면 빼라'입니다. 고수들은 매월 말일이 되면 투자 원금을 뺀 나머지 모든 수익금을 칼같이 인출해서 별도의 은행 계좌로 옮깁니다. 매달 수익을 정산해서 월급처럼 인출하고, 계좌에는 항상 처음 정한 투자 원금만을 남깁니다. 이 단순한 행동이 실전에서 강력한 힘을 발휘합니다.

수익금을 사이버 머니가 아닌 '현실의 돈'으로 만듦으로써 투자에 대한 진짜 보상을 줍니다. 인출한 돈으로 가족과 맛있는 밥을 먹거나 사고 싶던 물건을 살 때, 뇌는 비로소 이 숫자가 진짜 내 돈임을 실감하고 심리적 안정감을 찾습니다.

그리고 항상 최초의 투자 원금을 기준으로 게임하게 만듦으로써 리스크 민감도를 최상으로 유지합니다. 수익금을 다 빼버렸으니, 이제 단 1%만 잃어도 내 원금이 깎여나가는 고통이 생생하게 느껴집니다. 당연히 손절대 원칙을 목숨 걸고 지키게 되죠.

이런 식으로 주식 투자에서 가장 중요한 실탄을 주식 시장 밖 안전한 곳에 쌓아둘 수 있습니다. 훗날 시장이 폭락하는 위기가 닥쳤을 때, 이 돈은 공포에 질려 도망치는 대신 남들이 던지는 우량주를 헐값에 주워 담을 수 있는 가장 강력한 무기가 됩니다.

이를 실천하려면 여러분이 감당할 수 있는 최초 투자 원금을 명확히 정하십시오. 그리고 매월 25일이든 말일이든 정산일을 박아두고, 그날 원금을 넘어선 초과 수익금은 10원이든 100만 원이든 무조건 다른 은행 계좌로 이체합니다. 어떤 핑계도 대지 말고 기계처럼 실행해야 합니다.

주식 시장에서 돈을 버는 사람은 널렸습니다. 하지만 그 돈을 지켜내고 꾸준히 쌓아 올려 진짜 부자가 되는 사람은 극소수입니다. 그 차이는 화려한 차트 분석 기술이 아니라, 이처럼 지루하고 단순해 보이는 절제의 기술에서 나옵니다. 번 돈을 인출하는 그 작은 습관이, 여러분을 탐욕의 늪에서 구할 수 있습니다.

애매할 땐
쉬는 것도 투자다

흔히 착각하는 것이 하나 있습니다. 땀 흘리는 노력과 치열함만이 성공을 보장한다는 믿음이죠. 물론 본업이나 공부에서는 통할지 모릅니다. 하지만 투자의 세계에서는 때때로 '아무것도 하지 않는 것'이 최고의 투자가 되곤 합니다.

"쉬는 것도 투자다."

고수들이 입버릇처럼 하는 이 말을 들어본 적이 있을 겁니다. 이 문장에는 거친 시장에서 살아남기 위한 깊은 생존 철학이 담겨 있습니다. 하지만 개인 투자자 대부분은 장이 열려 있는 동안에는 무언가 사고팔아야 한다는 강박에 시달립니다. 주식 없이 현금만 들고 있으면 왠지 손해 보는 것 같고, 지금 이 순간에도 기회를 놓치고 있다는 불안감에 잠 못 이루죠.

단언컨대, 그 강박이 여러분의 계좌를 파괴하는 주범입니다. 우리가 맞이할 주식 시장은 단거리가 아니라 마라톤입니다. 완주하려면 속도를 조절해야 하고, 앞이 안 보이는 불확실한 구간에서는 잠시 멈춰 서서 안개가 걷힐 때까지 기다려야 합니다. 이것이 바로 현금을 꽉 쥐고 버티는 쉼의 용기입니다.

매일 쉼 없이 매매 버튼을 누르는 것, 그것은 열정이 아니라 매매 중독이라는 심리적 오류일 뿐입니다. 원칙 없이 덤벼들다 손실이 나면 어떤가요? 화가 나고 조급해지죠. 얼른 만회해야겠다는 생각에 이성의 끈을 놓고 투기처럼 매매하다가 결국 치명타를 입습니다.

이 악순환의 고리는 투자를 확률 게임이 아니라 매일 해내야 하는 의무로 착각하는 데서 비롯됩니다. 기억하십시오. 시장은 우리에게 매일 확실한 기회를 주지 않습니다. 진짜 고수는 애매한 흐름은 다 흘려보내고, 승률이 가장 높은 결정적 기회가 올 때까지 사냥감 냄새를 맡으며 웅크리고 기다립니다. 섣부른 시도는 소중한 자본만 낭비할 뿐입니다.

내가 세운 원칙대로 들어갔는데도 연달아 손절매가 터진다면, 지금 시장의 색깔이 내 기준과 맞지 않는 겁니다. 그때는 고집을 꺾고 물러나 관망해야 합니다. 또, 시장을 이끄는 뚜렷한 대장주도 없이 듣도 보도 못한 잡주나 지엽적인 테마만 핑핑 돌아가는 장세라면, 시장의 에너지가 산만하게 흩어진 상태니 쉬어야 합니다.

무엇보다 가장 위험한 시기는 내가 사지 않은 종목까지 이유 없이 급등하고, 온 세상에 "이제 주식 안 하면 바보"라는 낙관론이 넘쳐날 때입니다. 시장이 과열됐다는 명백한 증거이니 그때야말로 욕심을 버리고 이익을 실현해 현금 비중을 최대로 늘려야 할 시점입니다.

쉬는 것도 투자라는 말의 진짜 속뜻을 알아야 합니다. 휴식은 단순히 손실이 무서워 도망치는 소극적인 방어가 아닙니다. 현금을 들고 기다리는 것은, 앞으로 다가올 거대한 기회를 낚아채기 위한 가장 적극적인 공격 준비 태세입니다.

시장이 영원히 오르기만 할까요? 절대 아닙니다. 언젠가 공포 심리가 시장을 덮쳐 남들이 우량한 자산을 헐값에 내던지는 바겐세일의 순간이 반드시 옵니다. 2022년의 폭락장이 그랬듯이 말이죠. 그 위기의 순간에 다른 사람들의 투매를 받아내며 과감하게 매수 버튼을 누를 수 있는 사람은 누구일까요? 차트를 잘 보는 사람이 아니라 현금이라는 실탄을 두둑이 챙겨둔 사람입니다. 폭락장에서 주식만 꽉 찬 사람은 손쓸 방도가 없지만, 현금을 쥔 사람은 시장의 우위에 서서 쇼핑을 즐길 수 있습니다.

투자의 성패는 수익의 크기가 아니라 시장에서 얼마나 오래 살아남느냐로 결정됩니다. 안개 속에서 무리하게 운전하다 사고 내지 맙시다. 불확실한 시장에서 소중한 자산을 갉아먹지 말고, 원칙에 따라 현금을 쥐고 때를 기다리는 고독한 용기를 가지십시오. 그 지루해 보이는 인내의 시간이 모여 여러분을 결국 최종 승자로 만들어줄 것입니다.

매매 중독 처방전,
일단 꺼라

솔직해질 시간입니다. 오늘 하루 동안 HTS나 MTS 잔고 화면을 몇 번이나 들여다봤나요? 회사에서 일하는 중에도 보유 종목의 현재가 창이 눈앞에 아른거려서 도무지 일에 집중할 수 없고, 화장실에 가서도 시세를 확인하진 않았나요? 주말인데 편히 쉬기는커녕 장이 열리지 않으니 심심하다 못해 무력감까지 느껴지지는 않았나요?

만약 이 질문들에 하나라도 찔린 것이 있다면 여러분은 지금 투자를 하고 있는 게 아닐지도 모릅니다. 알코올이나 도박 중독만큼이나 위험하고 파괴적인 매매 중독이라는 질병에 걸린 건 아닐까요.

흔히들 이걸 열정으로 착각합니다. 그럴듯한 포장지를 벗겨보면 실상은 참혹합니다. 소중한 자산뿐만 아니라 시간과 건강, 그리고 사랑하는 가족과의 관계까지 모조리 파괴하는 무서운 병이기 때문입니다. 어떤 투자자는 과거 수억 원의 빚더미에 올랐던 시절, 돈 없는 설움보다 더 괴롭던 건 이 끔찍한 중독의 굴레였다고 말하기도 했습니다.

주식 투자로 부를 누리는 것은 중요합니다. 하지만 그 전에 우리를 파멸로 이끌 수 있는 이 어두운 그림자에서 벗어나는 법을 먼저 배워야 합니다. 이건 매매 기법 강의가 아닙니다. 잃어버린 여러분의 일상과 삶을 되찾는 회복에 관한 이야기입니다. 건강한 삶이 없는 투자는 모래 위에 지은 성과 같아서, 아무리 수익을 내도 망가진 일상을 보상받을 순 없으니까요.

단순히 심리적인 것이 아니라 뇌과학의 문제입니다. 우리가 주식을 사고팔 때 뇌에서는 도파민이라는 놈이 뿜어져 나옵니다. 쾌감과 흥분을 느끼게 하는 소위 행복 호르몬이죠. 문제는 뇌가 이 자극에 점점 내성이 생긴다는 겁니다. 어제 5% 수익 난 걸로는 더 이상 만족이 안 됩니다. 더 큰 수익, 더 잦은 매매를 통해 더 강력한 도파민 주사를 맞고 싶어하죠. 도박판에서 판돈을 계속 키우는 심리와 정확히 똑같은 원리입니다.

어느 순간부터 우리는 돈을 벌기 위해 매매하는 것이 아니라, 매매 행위 자체가 주는 그 짜릿한 흥분을 느끼기 위해 버튼을 누르는, 주객이 전도된 상태가 됩니다. 투자의 목적이 완전히 변질된 것이죠.

잃을 땐 훨씬 심각해집니다. 손실의 고통을 잊고 빨리 만회하고 싶다는 조급함에 눈이 멀어 위험한 복수 매매에 나섭니다. 이성은 마비되고 오직 한 번의 대박에 대한 갈망만이 뇌를 지배합니다. 이 단계에 이르면 HTS의 주인이 아니라 도파민의 노예가 된 것입니다.

이 지옥 같은 중독의 고리를 끊으려면 어떻게 해야 할까요? "이제부터 참아야지" 하는 의지로는 어림도 없습니다. 여러분의 환경과 행동을 강제로 틀어막는 시스템적인 처방이 꼭 필요합니다.

첫 번째 처방은 '강제적 거리두기'입니다. 지금 당장 중독으로 이끄는 도구를 물리적으로 없애십시오. 손 떨리겠지만 스마트폰에서 증권사 앱을 지우고, PC의 HTS 프로그램도 삭제하는 겁니다. 최소 일주일, 길게는 한 달 동안 시세 확인을 완전히 끊어야 합니다. "계좌 녹으면 어쩌나" 불안해 미치겠죠? 하지만 장담컨대 아무것도 안 하고 가만히 있는 게 뇌동매매로 까먹는 것보다 훨씬 나은 결과를 가져올 겁니다.

두 번째 처방은 '명확한 규칙 설정'입니다. 자숙 기간이 끝나고 다시 매매를 시작할 때는 반드시 울타리 안에서만 움직입니다. "나는 하루에 딱 3번만 매매한다", "오늘 손실이 내 원금의 2%를 넘으면, 손모가지가 묶인 것처럼 무조건 매매를 멈춘다" 같은 살벌한 규칙을 만들어서 모니터 앞에 대문짝만하게 붙여놓으십시오.

그리고 주식 창 말고 건강한 도파민이 나오는 곳을 찾으세요. 땀 흘리는 운동도 좋고, 등산이나 독서도 좋습니다. 여러분의 뇌가 주식 말고 다른 즐거움에도 반응할 수 있도록 환기해 줘야 합니다. 일상에서 주식이 차지하는 영토를 의도적으로 줄여나가야 한다는 말입니다.

주식 투자에서 진짜 승자는 누구일까요? 수익률 1등을 찍은 사람이 아닙니다. 건강한 투자 습관을 바탕으로 부와 삶의 균형을 맞추며, 평생 시장과 웃으며 동행할 수 있는 사람입니다.

큰 용기를 내어 HTS 전원 버튼을 끄십시오. 여러분이 진짜 지켜야 할 행복과 일상은 그 차가운 시세판 안에 있지 않습니다. 건강한 삶을 되찾을 때, 비로소 여러분의 투자도 건강해질 수 있다는 사실을 잊지 않길 바랍니다.

본전 생각,
손절매는 손해가 아니라 기회다

"A 종목을 1만 원에 샀는데 지금 7,000원입니다. 손절해야 할까요, 물타기를 해야 할까요?

여러분의 대답은 뻔합니다. "본전만 되면 팔 겁니다!"

바로 이 '본전 생각'. 이 네 글자만큼 개인 투자자들의 이성적인 판단을 마비시키고, 작은 찰과상을 돌이킬 수 없는 재앙으로 키우는 강력한 족쇄는 없습니다. 뇌리에 깊게 박힌 가장 위험한 착각입니다.

주식은 끝없는 오르막이 아닙니다. 험난한 고개와 내리막이 뒤섞인 여정입니다. 여기서 살아남으려면, 길을 잘못 들었다 싶을 때 과감히 핸들을 꺾어 새로운 길을 찾는 용기가 필요합니다. 본전 생각에 사로잡힌 투자자는 낭떠러지로 가는 길인 줄 뻔히 알면서도 "내가 출발했던 지점까지만 일단 돌아가자"라며 계속 엑셀을 밟는 운전자와 다를 바 없습니다. 그 끝은 파멸뿐이죠.

　왜 이토록 본전에 목숨을 거는 걸까요? 이건 우리 잘못이 아닙니다. 우리 뇌가 그렇게 생겨 먹었기 때문입니다. 인간은 본능적으로 이익에서 얻는 기쁨보다 손실에서 느끼는 고통을 약 두 배 더 크게 느끼도록 설계되어 있습니다. 행동경제학에서는 이걸 ‘손실 회피 편향’이라고 부릅니다. 1만 원짜리 주식이 1만 2,000원이 되어서 얻는 2,000원의 행복보다, 8,000원으로 떨어졌을 때 느끼는 2,000원의 쓰라림이 훨씬 더 크게 다가온다는 겁니다. 바로 그 쓰라린 고통과 이익을 가르는 심리적 최후 방어선이 본전인 셈이죠.

　주가가 내 매수가 아래에 있는 한 우리는 매일 “나는 돈을 잃고 있다”라는 고통에 시달립니다. 우리 뇌는 이 고통을 없애기 위해 주문을 겁니다. “본전까지만 오면 팔자.” 왜냐고요? 본전에 팔면 돈을 벌지는 못해도 “최소한 나는 손해는 안 봤어”라는 안도감을 얻을 수 있으니까요. 이것은 이성적인 투자가 아니라 단지 손실의 아픔을 피하고 싶은 도피일 뿐입니다.

　수많은 투자자가 주식 투자로 돈을 날리는 이유가 이것입니다. 주가는 계속 곤두박질치는데도 팔지 못하고 물타기만 반복하죠. “이게 원래 얼마짜리였는데” 하는 과거의 가격, 즉 본전에 대한 집착이 냉정한 판단을 마비시키고, 더 깊은 지옥으로 끌고 들어가는 겁니다.

　본전 생각은 여러분의 계좌를 ‘좀비 주식 수용소’로 만듭니다. 주가가 빠지는 데는 다 이유가 있습니다. 하지만 본전만 생각하는 사람은 그 이유를 분석하기는커녕 가격이 돌아오기만을 기도합니다. 그러다 보면 정작 오를 놈들은 다 팔아버리고, 가망 없는 똥차들만 차고지에 가득 차게 되죠.

　손실 난 종목을 계속 들고 있으면 '기회비용'이라는 더 큰 손실을 보게 됩니다. 하락하는 종목에 내 돈이 인질로 잡혀 있는 동안, 시장 밖에서는 새로운 상승 주도주들이 날아가고 있습니다. 썩은 살을 도려내고 새 말로 갈아탔다면 충분히 손실을 메꾸고도 남았을 텐데, 과거의 실수에 발목 잡혀 황금 같은 시간을 다 날려버리는 겁니다.

　최악은 물타기로 손실을 눈덩이처럼 키우는 것입니다. 빨리 본전을 찾고 싶어서 평단가라도 낮춰보려고 추가 매수를 합니다. 기업가치나 추세 분석도 없이 밑 빠진 독에 물을 붓는 격이죠. 늪에 빠진 사람이 허우적대면 더 빨리 가라앉는 것과 똑같습니다.

　이를 끊기 위해서는 어떻게 해야 할까요? 우선 손실 난 종목을 볼 때 매수가를 머릿속에서 완전히 지워버립니다. 그리고 현재의 주가를 보며 백지상태에서 스스로에게 물어보세요. "만약 내가 오늘 이 종목을 처음 발견했다면, 이 가격에 신규 매수할 것인가?" 만약 1초라도 망설여지거나 대답이 "아니요"라면 지금 즉시 매도 버튼을 누르는 것이 정답입니다.

　또 손절매를 확정된 손실이 아니라 비용으로 인식하십시오. 주식 투자에서 손실은 패배가 아닙니다. 더 큰 기회를 잡기 위해 반드시 내야 하는 탐색 비용이자 수업료입니다. 작은 수업료를 내고 더 큰 재앙을 막은 것, 그리고 새로운 기회를 살 수 있는 현금을 쥐게 된 것을 합리적이고 성공적인 거래로 받아들여야 합니다.

　본전이라는 숫자는 내 HTS 잔고창에만 찍혀 있을 뿐 시장에는 존재하지 않는 신기루입니다. 제발 그 신기루를 좇아 사막을 헤매는 짓을 멈추십시오. 과거의 실수를 인정하고 잘라내는 용기, 현재의 기회에 집중하며 미래의 수익을 향해 나아가는 결단력. 그것이 바로 여러분을 좀비가 아닌 살아 있는 승자로 만들 유일한 길입니다.

정보 필터링 기술,
비판적으로 쓰는 법을 배워라

여러분은 주식 투자를 할 때 어떤 정보를 가장 신뢰하나요? 아마 증권사 애널리스트가 공들여 쓴 리포트나 경제신문 1면에 대문짝만하게 실린 기사들을 떠올릴 겁니다. 전문가라는 타이틀이 주는 권위, 언론이라는 이름이 주는 무게감은 기댈 수 있는 든든한 등대처럼 느껴지니까요. 물론 투자의 세계에서 정보는 중요한 무기라는 말은 맞습니다.

하지만 여기에 아주 위험한 함정이 있습니다. 정보 그 자체가 수익을 떠먹여 주지는 않는다는 사실입니다. 오히려 정보에 대한 맹목적인 믿음이야말로 여러분의 계좌를 소리 없이 갉아먹는 가장 교활한 적이 될 수도 있습니다.

주가가 상승하면 하락장보다 더 많은 정보가 쓰나미처럼 몰려옵니다. 정보 과잉의 홍수 속에서 무엇이 보석이고 무엇이 쓰레기인지 가려내고, 그 행간에 숨겨진 진짜 의도를 꿰뚫어 보는 비판적 수용 능력을 갖추지 못한다면 정보의 노예로 전락하고 말 것입니다.

지금브터 전문가의 리포트와 뉴스를 나의 무기로 만드는 구체적인 필터링 기술에 관해 이야기하려 합니다. 전문가를 무작정 의심하고 배척하라는 게 아닙니다. 그들을 현명하게 이용해서 결과적으로 스스로 생각하는 근육을 키우는 훈련입니다.

전문가 분석을 읽기 전에 지극히 현실적인 그들의 입장을 먼저 이해할 필요가 있습니다. 그들은 자원봉사자가 아니며, 그 분석에는 언제나 복잡한 이해관계가 얽혀 있기 때문입니다.

애널리스트들의 딜레마를 볼까요? 그들은 객관적인 분석가와 증권사 영업사원 사이에서 아슬아슬한 줄타기를 합니다. 기업 탐방을 가고 IR 담당자와 밥을 먹으며 정보를 얻죠. 그런데 만약 특정 기업에 대해 적나라하게 비판하는 매도 리포트를 쓴다면 어떻게 될까요? 당장 그 기업은 문을 걸어 잠그고, 어떤 정보도 주지 않을 겁니다. 이것이 증권사 리포트 90% 이상이 앵무새처럼 매수만 외치는 구조적인 이유입니다.

기자들도 마찬가집니다. 그들은 대부분 기업이 써주는 보도자료에 의존합니다. 기업이 자기한테 불리한 얘기를 보도자료에 쓸 리 없죠. 특히 주가가 꼭대기에 다다랐을 때 갑자기 쏟아져 나오는 장밋빛 호재 뉴스들, 이건 세력이 물량을 개인에게 떠넘기려는 의도로 흘리는 설거지용 정보일 가능성이 매우 높습니다. 그들이 나쁜 사람이라는 말이 아닙니다. 어떤 정보든 100% 순수한 진리로 받아들이지 말고, 언제나 건강한 의심이라는 필터를 끼고 봐야 한다는 뜻입니다.

그렇다면 개미들은 이 불완전한 정보들을 어떻게 걸러낼 수 있을까요? 먼저 정보의 뼈대부터 직접 흔들어 보는 겁니다. 애널리스트가 "실적이 좋아질 것"이라고 했다면 그 근거가 무엇인지, 기사에 나온 대규모 계약이 진짜인지 기사만 믿지 말고 DART 전자공시나 사업보고서를 열어 숫자로 교차 확인해야 합니다. 또, "소문에 사서 뉴스에 팔라"라는 격언처럼 신문에 대문짝만하게 났을 땐 이미 그 내용이 주가에 녹아 있을 확률이 높다는 사실 역시 기억해야겠죠.

다음은 분석가의 논리를 해부하는 단계입니다. 단순히 "목표 주가를 올렸네? 좋구나!" 하고 결론만 보지 마십시오. "도대체 왜 올렸는가?"라는 'Why'를 파고들어야 합니다. 그가 제시한 장밋빛 시나리오에 구멍은 없는지, 너무 희망 회로만 돌린 건 아닌지, 경쟁사의 위협이나 숨겨진 리스크에 대해서는 입을 다물고 있지는 않은지 비판적으로 따져 물어야 합니다.

마지막으로 제공받은 정보를 바탕으로 현재 주가의 위치와 비교해 보는 겁니다. 리포트 내용이 아무리 휘황찬란해도, 주가가 이미 바닥에서 100% 올라온 고점이라면 더 이상 좋은 정보일 수 없습니다. 오히려 여러분을 상투 꼭대기로 유인하는 달콤한 독약일 수 있죠. 반대로, 시장이 아무도 거들떠보지 않는 바닥권에서 나온 긍정적인 리포트는 엄청난 기회가 될 수도 있습니다. 좋은 정보란 절대적인 게 아니라 주가의 위치에 따라 그 가치가 변하는 상대적인 것입니다.

정보는 그 자체로는 힘이 없는 원석일 뿐입니다. 여러분의 비판적 사고라는 용광로를 거쳐 정제되고 가공되었을 때 비로소 계좌를 지켜주는 날카로운 무기가 됩니다. 다시 말하지만 전문가의 리포트와 뉴스를 정답지로 착각하지 마십시오. 여러분의 투자 논리를 더 정교하게 다듬기 위한 훌륭한 참고서 정도로만 활용하는 게 현명합니다.

매매일지 작성법,
성공과 실패 패턴을 무기로 만들어라

"나는 내가 둔 모든 대국의 기보를 머릿속에 전부 외우고 있다."

바둑의 신이라 불리는 이창호 9단이 했던 유명한 말입니다. 이긴 경기든 진 경기든 밤을 새워 하나하나 복기하며 승리의 원인과 패배의 실책을 처절하게 분석했다고 합니다. 그 지독한 복기 과정이 있었기에 같은 실수를 반복하지 않는 돌부처의 경지에 오를 수 있었을 겁니다.

주식 투자도 바둑과 같습니다. 수많은 선택지 앞에서 보이지 않는 상대, 즉 시장의 의도를 읽고 최선의 수를 찾는 치열한 두뇌 싸움이니까요. 하지만 안타깝게도 대부분의 개인 투자자들은 매일 전쟁 같은 매매를 치르고 나서 그 결과를 딱 두 글자로만 기억합니다. 수익 아니면 손실. 내가 오늘 왜 이겼고, 왜 졌는지에 대한 복기는 까맣게 잊은 채 말입니다.

이것이 여러분이 매번 불나방처럼 추격 매수하고, 조금만 오르면 못

참아서 팔아버리고, 손절 타이밍은 놓쳐서 후회하는 그 지겨운 제자리 걸음을 반복하는 가장 근본적인 이유입니다. 어제의 실수를 분석하지 않는 투자자에게 내일의 발전이 있을 리 만무하니까요.

지금부터 이 바닥에서 살아남은 모든 프로가 목숨처럼 여기는 가장 강력한 훈련법을 다루려 합니다. 바로 '매매일지 작성'입니다. "학교 다닐 때 일기도 안 썼는데…" 하며 귀찮은 숙제 취급하면 안 됩니다. 여러분의 흩어진 경험 조각들을 하나로 꿰어 승리의 공식과 실패의 함정을 찾아주는 가장 위대한 자기 분석 과정이기 때문입니다.

"요즘 세상에 매매일지요? HTS만 열면 거래 내역이 1초 만에 다 뜨는데요?"

맞습니다. HTS는 아주 친절하게 언제, 얼마에, 무엇을 사고팔았는지를 보여줍니다. 하지만 투자의 성패를 가르는 가장 중요한 데이터는 기록해 주지 않습니다. "그때 나는 도대체 '왜' 그런 결정을 내렸는가?"라는 질문, 즉 여러분의 '심리 상태'와 '판단 근거'는 기록해 주지 않죠.

인간의 기억은 참으로 간사하고 불완전합니다. 성공한 기억은 과대 포장해서 무용담으로 만들고, 실패의 기억은 애써 외면하거나 "시장이 안 좋아서 어쩔 수 없었어"라며 합리화합니다. 10% 수익을 낸 건 내가 천재라서 그렇고, -20% 손실은 세력 탓으로 돌리죠.

매매일지는 바로 이 교활한 '기억의 왜곡'을 막는 가장 객관적인 거울입니다. 그날의 시장 분위기와 내 판단의 근거, 그리고 살 때와 팔 때 심장이 어떻게 뛰었는지를 가감 없이 적어둠으로써, 우리는 더 이상 자신을 속일 수 없게 됩니다. 이 냉정한 진실과의 대면이야말로 진짜 고수가 되는 첫걸음입니다.

이 중요한 매매일지에 무엇을 어떻게 채워 넣어야 할까요? 단순히 "삼성전자 7만 원 매수" 식으로 가계부 쓰듯 하는 건 아무 의미 없습니다. 매매 한 건 한 건을 살아 있는 사례 연구로 만들어야 하기 때문입니다.

가장 먼저 날짜, 종목, 가격 같은 기본 정보를 적은 뒤 핵심인 '매수 근거'를 파고들어야 합니다. 내가 왜 하필 이 종목을 이 가격에 샀는지 차트상 눌림목이라서 산 건지, 뉴스를 보고 흥분해서 산 건지, 외국인이 사길래 다라 산 건지 그 이유를 낱낱이 적으십시오. 그다음은 '매도 근거'입니다. 목표가에 와서 기분 좋게 판 건지, 아니면 공포를 못 이겨 손절한 건지 명확히 해야 합니다.

여기서 끝이 아닙니다. 가장 중요한 '심리 복기'가 들어가야 합니다. 매수 버튼을 누를 때 내 마음이 확신에 차 있었는지 아니면 조급했는지, 팔 때는 만족스러웠는지 아니면 더 오를까 봐 아쉬웠는지 그 솔직한 감정 상태를 기록하십시오. 마지막으로 장이 끝나면 오늘의 매매가 내 원칙에 맞았는지 스스로 평가하고 교훈을 한 줄로 요약해서 남기는 겁니다.

이 지루해 보이는 작업을 하루, 한 달, 일 년만 꾸준히 반복해 보십시오. 여러분의 낡은 매매일지는 세상에 단 하나뿐인, 오직 나만을 위한 거대한 빅데이터가 됩니다. 그리고 그 데이터의 숲속에서 소름 돋는 패턴을 발견하게 될 겁니다.

"아, 나는 꼭 오전에 급하게 매매하면 다 깨지는구나."

"거래량 터진 양봉 다음 날, 눌림목에서 들어갔을 때는 승률이 거의 100%네?"

"나는 손실이 -5%만 넘어가면 이성을 잃고 뇌동매매를 하는 버릇이 있구나."

이렇게 내 성공 공식과 실패의 지뢰밭을 눈으로 확인하는 순간, 여러분의 투자는 더 이상 감이나 운에 맡기는 도박이 아니라, 철저한 확률과 통계에 기반한 시스템 트레이딩으로 진화하게 됩니다. 말 그대로 기적이 일어나는 거죠.

매매일지를 쓴다는 건 귀찮고 고독한 싸움입니다. 하지만 그 시간이 여러분을 강철처럼 단련시키고, 여러분의 경험을 누구도 흉내 낼 수 없는 날카로운 무기로 만들 겁니다. 남들의 분석에만 기댈 필요가 없습니다. 이 세상에서 가장 위대한 투자 교과서는 서점이 아니라, 바로 여러분이 피땀 흘려 쓴 책상 위 매매일지 속에 있습니다.

코스피 5천 시대를 이끈 종목
한화에어로스페이스

한화에어로스페이스가 지난 1년여간 보여준 궤적은 단순히 한 기업의
성장이 아닙니다. 대한민국 방위산업이 전 세계 안보의 표준으로 자리
잡아 가는 서사시와 같았습니다. 2025년 1월, 전 세계적인 지정학 위기

속에서 K-방산의 선봉장으로 나섰던 이 종목은, 현재 누구도 상상하기 힘들었던 사상 최고가 130만 원을 돌파하며 그 위상을 증명했습니다.

이 눈부신 비상의 가장 강력한 엔진은 단연 '폴란드 수출 신화의 완성'이었습니다. 한화에어로스페이스는 폴란드와 K-방산 계약을 체결하며 전 세계를 놀라게 했습니다. 단순히 무기를 파는 것에서 그치지 않고, 폴란드 현지에서 유도미사일을 직접 생산하는 합작법인(JV)을 설립하며 유럽 방산 블록화 장벽을 정면으로 돌파한 쾌거였습니다.

K9 자주포와 천무 다연장로켓이 폴란드의 들판을 누비며 유럽 안보의 핵심 전력으로 자리 잡는 동안, 시장은 이 기업을 단순 제조사가 아닌 글로벌 안보 파트너로 재평가하기 시작했습니다. 수출의 온기는 폴란드에만 머물지 않았습니다. 루마니아에서의 레드백 장갑차 수주 소식과 호주·이집트 프로젝트의 본격적인 매출은 한화에어로스페이스의 실적을 퀀텀 점프시키는 동력이 됐습니다.

투자자들이 한화에어로스페이스에 열광한 또 다른 이유는 바로 '주주와 함께 가는 성장'이었습니다. 2025년 6월 발표된 기업가치 제고 계획에 따라 회사는 2028년까지 11조 원 규모의 미래 투자를 단행하는 동시에, 주당 배당금을 3,500원 이상으로 유지하겠다는 파격적인 약속을 내걸었습니다. 성장의 결실을 주주와 나누겠다는 경영진의 강한 의지는 외국인과 기관 투자자들의 매수세를 부추겼고, 이는 주가 상승의 견고한 버팀목이 되었습니다.

결과적으로 2025년 1월 초 약 40만 원 수준에서 출발한 주가는 130만 원을 기록하며, 1년 남짓한 기간 동안 무려 200%가 넘는 경이로운 상승률을 달성했습니다. 130만 원이라는 가격은 단순한 주식의 몸값이 아니라, 대한민국 방산 기술이 전 세계의 평화를 지키는 글로벌 톱 4의 목표에 가까워지고 있음을 알리는 신호탄과 같습니다.

이제 한화에어로스페이스는 지상을 넘어 항공우주와 해양을 아우르는 거대한 '토털 디펜스 솔루션' 기업으로 거듭나고 있습니다.

부자의 그릇을 키워라

주식 투자는
장사가 아니라 동업이다

지금 스마트폰을 꺼내 MTS 화면을 켰다고 상상해 봅시다. 무엇이 보이나요? 아마도 정신없이 깜빡이는 빨갛고 파란 숫자들, 알 수 없는 종목 코드 6자리, 그리고 현란하게 오르내리는 차트 곡선이 전부일 겁니다. 우리는 하루 종일 이 작은 화면 속 숫자들의 춤사위를 보며 환호하고 탄식합니다.

바로 이 지점에, 대부분의 개인 투자자들이 부자가 되지 못하는 근본적인 착각과 비극이 숨어 있습니다. 우리는 우리 자신도 모르게 주식 투자를 단순히 숫자를 사고파는 행위, 즉 일종의 '사이버 머니 게임'으로 인식하고 있기 때문입니다.

하지만 제가 만난 고수들의 머릿속에는 전혀 다른 그림이 그려져 있었습니다. 그들에게 MTS 화면 속 '삼성전자 005930'이라는 기호는 결코 숫자가 아니었습니다. 그것은 수원 본사에서 수만 명의 엔지니어들이 밤을 지새우며 세계 최고의 반도체를 깎아내는, 피와 땀이 서린 거대한 사업 그 자체였습니다. 주식 투자는 결코 종목을 사고파는 장사가 아닙니다. 기업의 미래에 나의 소중한 자본을 태우고, 그 성공의 과실을 함께 나누는 동업 행위입니다. 이 관점의 차이를 깨닫는 순간, 여러분은 더 이상 가격 등락에 헐떡이는 단기 투기꾼이 아니라, 기업의 성장과 함께 부를 차곡차곡 쌓아가는 자본가 즉 진정한 투자자로 다시 태어날 것입니다. 삼성전자라는 똑같은 대상을 두고도 어떤 안경을 쓰고 보느냐에 따라 우리의 운명은 180도로 달라집니다.

"어젯밤 나스닥이 올랐으니 오늘 우리도 갭상승하겠네? 시초가에 사서 딱 2%만 먹고 튀어야지."

종목을 보는 투자자의 머릿속을 들여다보면 이렇습니다. 온통 시세뿐이죠. 그의 판단 기준은 '가격, 수급, 타이밍' 같은 얄팍한 단기 변수들입니다. 시장의 작은 소음 하나하나에 과민 반응하며 하루에도 열두 번씩 감정의 롤러코스터를 탑니다. 그는 삼성전자라는 종목을 사고팔았을 뿐 삼성전자라는 사업에는 단 1초도 투자하지 않았습니다.

"오늘 주가가 2%나 빠졌군. 땡큐다. 내가 동업을 결심한 이유, 즉 AI 시대에 폭발할 HBM 수요와 이 회사의 독보적인 기술력은 전혀 변하지 않았어. 오히려 내 지분을 더 싸게 늘릴 절호의 바겐세일 기간이구만."

주식을 사업으로 보는 투자자의 생각은 이렇게 완전히 다릅니다. 주가가 떨어지면 오히려 미소 짓습니다. 그의 머릿속은 '산업의 패러다임,

기술적 해자, 장기적인 현금 창출 능력' 같은 묵직한 본질적 가치로 채워져 있습니다.

그에게 단기적인 주가 하락은 리스크가 아닙니다. 삼성전자라는 이름의 거대한 항공모함이 태평양을 건너는 긴 여정에서 만난 아주 작은 파도 하나에 불과하다고 생각하기 때문입니다. 그는 '종목'과 씨름하는 게 아니라, 위대한 사업과 동행하고 있으니까요.

이제 여러분도 사업 동업자의 시선으로 주식 시장을 바라봐야 합니다. 그러면 가장 먼저 스스로에게 던지는 질문부터 달라질 겁니다. "내일 어떤 종목이 오를까?"라는 조급한 질문 대신, "어떤 사업이 10년 뒤에도 살아남아 세상을 지배할까?"라고 묻게 될 것입니다.

그다음 행동도 변합니다. 1년에 4번 나오는 두꺼운 사업보고서를 숙제하듯 읽는 게 아니라, 내 동업자가 보낸 연례 보고서처럼 꼼꼼히 뜯어보게 될 겁니다. "내 돈으로 신규 투자는 잘하고 있나?", "경쟁자는 따돌리고 있나?", "금고에 돈은 잘 쌓이고 있나?" 이를 확인하는 건 동업자의 당연한 권리이자 의무니까요.

마지막으로 위기 대처 능력이 생깁니다. 단기 실적이 좀 안 나오거나 시장 전체가 공포에 질려 폭락할 때, 겁먹고 투매하는 대신 회사의 기초 체력을 먼저 점검하게 될 겁니다. 사업 경쟁력에 흠집이 난 게 아니라면? 그때는 두려움 없이 매수 버튼을 누르는 최고의 기회가 되는 거죠.

주식 시장에는 변동성이라는 파도가 쉴 없이 몰아칩니다. 종목만 보는 투자자는 멀미를 견디지 못하고 배에서 뛰어내릴 겁니다. 하지만 사업을 보는 투자자는 그 파도를 오히려 내 지분을 늘릴 기회로 삼으며 묵묵히 항해를 계속할 겁니다.

손품(정보)과
발품(탐방)을 팔아라

투자자를 만날 때마다 귀에 못이 박히도록 듣는 소리가 바로 종목 찍어 달라는 요청입니다. 아직도 많은 투자자가 주식을 로또 복권처럼 생각하는 것 같아 안타깝습니다. 어딘가에 세력들이 숨겨놓은 대박 번호가 있고, 그 번호만 알아내면 손쉽게 부자가 될 수 있다고 믿는 거죠. 그래서 스스로 공부하고 머리 싸매며 분석하기보다는, 전문가나 소위 '고수'라고 불리는 사람들의 입만 쳐다보며 정답을 알려주길 기대합니다.

이번에는 그 안일한 환상을 가차 없이 깨트릴 참입니다. 단언컨대 주식 시장에 '공짜 점심'은 없습니다. 여러분이 진짜 내 실력으로 부를 쌓고 싶다면 누군가 차려주는 밥상만 기다리는 손님 노릇은 당장 그만두십시오. 대신 직접 밭을 갈고 씨앗을 뿌리는 주인의 자세를 가져야 합니다. 그리고 그 위대한 첫걸음은 바로 지독한 부지런함입니다.

제가 만나본 고수들은 단 한 명의 예외도 없이 혀를 내두를 정도의 노력파였습니다. 그들은 결코 감이나 운에 의존하지 않았습니다. 종목

하나를 사기 위해 형사가 범인을 추적하듯 집요하게 정보를 모으는 '손품', 직접 현장을 누비며 증거를 수집하는 '발품'을 팔았습니다.

손품이란 발로 뛰기 전에 앉은 자리에서 할 수 있는 모든 정보 수집 활동을 말합니다. 단순히 인터넷 뉴스나 유튜브를 눈으로 훑는 수준이 아닙니다. 여기저기 흩어진 정보의 파편들을 긁어모아 하나의 완성된 그림, 즉 투자 아이디어를 조립해 내는 치열한 지적 노동이죠.

이들이 정보를 얻는 기본 교과서는 'DART 사업보고서'입니다. 기업이 "우리는 이런 회사입니다"라고 스스로 밝히는 가장 정확하고 방대한 원천 데이터가 그곳에 다 있습니다. 회사가 무엇으로 돈을 버는지, 시장 점유율은 몇 위인지, 빚은 얼마고 현금은 얼마나 있는지 낱낱이 적혀 있죠. 이걸 읽지 않고 투자한다는 건 눈 감고 운전하는 것과 같습니다.

참고서는 '증권사 애널리스트 리포트'입니다. 복잡한 산업 동향과 기업가치를 전문가의 시각으로 해석한 아주 훌륭한 자료입니다. 물론 맹신하면 안 되지만 머릿속에 전체적인 산업의 지도를 그리고, 투자 포인트를 잡는 데 이보다 좋은 가이드는 없습니다.

여기에 경제신문과 전문 언론을 더해 산업의 최신 트렌드와 정부 정책의 방향을 파악하고, 마지막으로 IR 담당자에게 직접 전화합니다. 리포트나 뉴스에서는 제대로 알 수 없던 미심쩍은 부분들을 직접 물어보고 확인하는 거죠.

이 모든 손품의 과정은 단순한 데이터 수집이 아닙니다. 나만의 투자 논리를 세우고, 그 논리에 흔들리지 않는 확신의 벽돌을 한 장씩 쌓아가는 과정입니다.

손품을 팔아 강력한 가설이 세워졌다면, 이제 검증 단계가 남았습니다. 책상을 박차고 현장으로 나가는 발품 단계입니다.

내 머릿속 가설이 진짜 현실과 일치하는지 두 눈으로 확인하는 겁니다. 예를 들어 백화점이나 편의점에 납품하는 유통 기업에 투자한다고 칩시다. 그렇다면 직접 매장에 가보세요. 고객들이 실제로 그 물건을 집는지, 경쟁사 제품과 비교해서 진열은 좋은 위치에 되어 있는지 눈으로 확인해야 합니다.

어떤 고수들은 투자하려는 기업의 공장 지대 근처 식당에 가서 밥을 먹기도 합니다. 점심시간에 쏟아져 나오는 직원들의 표정이 밝은지 어두운지, 야근이나 특근 이야기를 하는지 엿들으며 공장이 얼마나 바쁘게 돌아가는지 짐작해 보는 거죠. 부지런함은 타고나는 재능이 아니라 길러지는 습관입니다.

남들이 HTS 시세창만 멍하니 쳐다보고 있을 때, 여러분은 DART를 켜고 사업보고서를 읽어야 합니다. 남들이 커뮤니티 루머에 귀를 팔랑거릴 때, 여러분은 IR 담당자에게 전화를 걸어 팩트를 체크해야 합니다. 남들이 주말에 소파에 누워 있을 때, 여러분은 투자하려는 기업의 매장을 방문해 봐야 합니다.

이 지독하고 고독한 부지런함의 시간이 하루하루 쌓일 때, 비로소 여러분은 시장의 온갖 잡음 속에서도 절대 흔들리지 않는 자신만의 관점을 갖게 될 겁니다.

시장은 언제나,
예외 없이 나보다 똑똑하다

주식 투자에서 가장 등골이 오싹하고 위험한 순간이 언제일까요? 계좌에 파란불이 들어오고 큰 손실을 봐서 공포에 질려 있을 때? 아닙니다.

가장 위험한 순간은 여러분이 연속해서 큰 성공을 거두고 어깨에 힘이 잔뜩 들어간 바로 그때입니다. 내가 찍은 종목마다 기가 막히게 들어맞고, 계좌의 숫자가 마법처럼 불어나는 그 달콤한 순간, 우리 마음속에서는 교만이라는 괴물이 아주 조용히 그리고 빠르게 자라기 시작합니다.

"와, 역시 나는 시장을 읽는 천부적인 감각이 있어."

"내가 사니까 오르네? 이 바닥, 별거 아니구나. 나는 시장을 이길 수 있어."

바로 이 자만심. 이것이야말로 한때 시장을 호령했던 수많은 고수를 한순간에 지옥으로 떨어뜨린 치명적인 적입니다. 왜냐하면 그들은 투자의 세계에 존재하는 단 하나의 절대적이고 무자비한 진리, 즉 "시장은 언제나, 예외 없이 나보다 똑똑하다"라는 사실을 까맣게 잊었기 때문입니다.

지금부터 저는 성공적인 투자자가 되기 위해 반드시 갖춰야 할 마지막 덕목이자 지키기 어려운 '겸손'을 이야기하려 합니다. "착한 사람이 되세요" 같은 도덕 교과서 이야기가 아닙니다. 거대하고 예측 불가능한 괴물 같은 시장 앞에서 나의 한계를 뼈저리게 인정하고, 살아남기 위해 끊임없이 경계하는 가장 실전적이고 지적인 생존 자세에 관한 이야기입니다.

투자의 세계에서 성공은 종종 비극의 씨앗이 됩니다. 연속된 성공은 "내 판단은 무조건 옳다"라는 과도한 자신감을 낳습니다. 이 근거 없는 자신감은 겁을 상실하게 만들고, 과거에는 무서워서 쳐다보지도 않던 위험한 잡주에 더 큰돈을 태우게 만듭니다.

그러다 보면 "이번 한 번쯤은 괜찮겠지"라며 피땀 흘려 세운 손절매 원칙이나 분산 투자 원칙을 스스로 걷어차 버립니다. 결국 예상치 못한 시장의 역풍 한 방에 그동안 벌었던 수익은 물론 원금까지 전부 날리는 치명적인 파멸을 맞이하기 쉽습니다. 시장은 교만한 투자자를 혐오하며 혹독한 방식으로 겸손을 가르칩니다.

진짜 고수들, 소위 스마트 개미들은 어떻게 이 교만의 덫을 피하고 평생 시장에서 살아남을까요? 그들은 말로만 겸손을 외치지 않습니다. 구체적인 행동 시스템으로 실천합니다.

자신의 분석을 끊임없이 의심합니다. 내 논리가 아무리 완벽해 보여도, 시장에는 언제나 내 예상을 빗나가는 변수가 튀어나올 수 있음을 인정합니다. 그래서 늘 '내가 틀렸을 때'를 대비한 최악의 시나리오를 준비하죠.

또한 모든 매매를 마치 난생처음 주식을 사는 초보자처럼 대합니다. 어제의 대성공이 오늘의 판단을 흐리지 않게 경계하는 겁니다. 매수 버튼을 누르기 직전, 떨리는 마음으로 원칙과 기준을 다시 점검합니다.

실패뿐만 아니라 성공까지 철저하게 복기합니다. 이번 수익의 원인이 내 실력이 뛰어나서인지, 아니면 그저 상승장을 만나 운이 좋았던 건지를 냉철하게 따집니다. 운을 실력으로 착각하는 순간, 몰락은 이미 시작된 것이니까요.

연속된 성공에 취해 "나는 주식의 신이다"라고 생각하는 순간 추락은 예고된 것이나 다름없습니다. 반대로 아무리 큰돈을 벌었더라도, 혹은 실패 앞에서도 "나는 아직 배울 게 너무 많다"라고 고개를 숙이는 순간 진정한 성장이 시작됩니다.

시장은 우리에게 엄청난 부를 안겨주는 기회의 땅인 동시에, 우리의 교만을 철저히 응징하는 무서운 스승입니다. 부디 이 위대한 스승 앞에서 항상 겸손하길 바랍니다. 여러분이 쌓은 지식과 경험을 존중하되 결코 맹신하지는 마십시오. 시장은 언제나 우리보다 딱 한 수 위에 있다는 사실을 인정하는 것. 그것이야말로 그 어떤 화려한 기법보다 여러분을 끝까지 살아남게 할 가장 위대하고 강력한 생존의 지혜입니다.

좋은 주식을 사는 것보다
잘 보유하는 게 더 어렵다

당신이 정말 손품 팔고 발품 팔아서 앞으로 다가올 코스피 5,000 시대를 이끌 위대한 인생 주식을 찾아냈다고 상상해 봅시다. 완벽한 분석 끝에 찾아낸 보석 같은 기업입니다. 설레는 마음으로 매수 버튼을 눌렀고, 이제 시간의 힘이 계좌를 키워줄 것이라는 단꿈을 꿉니다.

하지단 바로 그 순간부터 주식 투자에서 가장 고통스러운 시험이 시작된다는 사실을 알아야 합니다. 그것은 바로 기다림, 즉 인내의 시간입니다.

"주식 시장에서 돈을 버는 비결은 좋은 주식을 사는 게 아니라, 좋은 주식을 보유하는 데 있다."

전설적인 투자자 필립 피셔는 이렇게 말했습니다. 구구절절 옳은 말입니다. 진짜 고수와 아마추어를 가르는 결정적인 차이는 종목을 발굴하는 안목에서 나오는 게 아닙니다. 온갖 소음과 롤러코스터 같은 변동성을 온몸으로 견뎌내며 자신의 믿음을 끝까지 지켜내는 맷집에 있습니다.

'좋은 주식을 사는 것'이 차가운 지성과 분석의 영역이라면, '좋은 주식을 잘 보유하는 것'은 뜨거운 철학과 인격의 영역입니다. 그런데 왜 수많은 투자자가 그 좋은 종목을 손에 쥐고도 결국 푼돈에 팔아버리거나 공포의 순간에 던져버리는 걸까요?

도대체 우리는 왜 진득하게 기다리지 못할까요?

첫 번째는 '조급함'입니다. 우리는 매수한 종목이 바로 다음 날부터 상한가 치기를 기대합니다. 며칠만 옆으로 횡보해도 "내가 잘못 봤나?", "옆 동네 반도체는 날아가는데 내 2차전지는 왜 이 모양이야?" 하며 안절부절못하다가 결국 엉뚱한 급등주로 갈아타는 실수를 저지릅니다.

두 번째는 '비교'입니다. 내 종목은 조용한데, 주식 커뮤니티나 단체 대화방에 가보면 남들은 다른 종목으로 수십 퍼센트 먹었다며 난리가 났습니다. "나만 바보 되는 거 아니냐"라는 포모(FOMO) 바이러스에 감염되면, 내 소중한 소신은 헌신짝처럼 버리고 남들의 파티장에 뒤늦게 뛰어들게 됩니다.

전쟁이 났다, 금리를 또 올린다, 경기 침체가 온다 등 시장엔 늘 악재가 터집니다. 기업의 본질 가치는 그대로인데, 이런 뉴스 헤드라인에 겁먹고 "일단 살고 보자"라며 투매 행렬에 동참하죠. 이 방해꾼은 매일매일 여러분의 마음을 흔들어 댈 겁니다. 이들과 싸워 이기는 자만이 시간의 복리라는 위대한 과실을 온전히 따먹을 자격이 있습니다.

어떻게 해야 이 지독한 기다림을 견뎌낼 수 있을까요?

먼저, 사기 전에 명확한 투자 시나리오와 기간을 설정하십시오. "나는 이 종목을 최소 3년은 묵힌다", "펀더멘털이 훼손되지 않는 한 주가 등락에 일희일비하지 않는다"처럼 확실한 게임의 규칙을 스스로에게 부여하는 겁니다.

다음은 계좌를 좀 멀리하는 물리적 거리두기를 실천합니다. 하루에 수십 번 보던 주가 창을 하루에 한 번, 아니면 일주일에 한 번만 보겠다고 규칙을 정하십시오. 극단적이지만 정 안 되면 MTS 앱을 지워버리는 것도 훌륭한 처방입니다.

마지막으로, 그 기업과 동업하기로 결심했던 최초의 투자 이유를 주문처럼 되뇌어야 합니다. 시장이 흔들릴 때마다 당신이 직접 밤새워 분석했던 투자 노트를 다시 꺼내 읽으십시오. 그 기업의 위대한 비전과 단단한 펀더멘털, 그 팩트가 여러분이 공포를 이겨낼 가장 강력한 무기가 될 것입니다.

제발 조급함을 버리고, 시장의 소음을 피해 귀를 막으십시오. 여러분이 선택한 그 위대한 기업의 본질을 믿고, 시간이라는 가장 믿음직한 파트너와 묵묵히 걸어가십시오. 그 지루하고 고독한 인내의 터널을 지나온 끝에 여러분은 돈이라는 보상보다 더 값진 것, 즉 자신의 믿음을 지켜냈다는 위대한 자부심을 얻게 될 것입니다.

투자 원금을
함부로 늘리지 않는다

여기 1억 원이라는 동일한 자산을 가진 두 명의 투자자를 무대 위로 올려보겠습니다. 투자자 A는 1억 원 전부를 주식 계좌에 몰아넣고 매매 전투를 벌입니다. 반면 투자자 B는 주식 계좌에는 3,000만 원만 넣고, 나머지 7,000만 원은 은행 예금 같은 안전한 금고에 보관합니다.

언뜻 두 사람의 자산은 똑같이 1억 원으로 보입니다. 그러나 이 두 사람의 미래는 하늘과 땅만큼 완전히 다른 길을 가게 될 것이라 확신합니다. A는 한순간에 모든 것을 잃고 파산할 수 있는 벼랑 끝에 서 있지만, B는 어떤 거친 파도가 닥쳐도 쉽게 침몰하지 않는 불침함의 구조를 갖추고 있기 때문입니다.

그 결정적인 차이는 어디서 비롯되는 걸까요? 바로 자신의 그릇 크기를 냉정하게 알고, 그 그릇을 넘어 함부로 판돈을 키우지 않는 절제에 있습니다. 앞으로 여러분의 계좌가 순풍에 돛 단 듯 우상향할지 아니면 거친 풍랑에 휩쓸려 깨져버릴지는, 오직 이 그릇의 크기를 다루는 기술에 달려 있습니다. 우리는 흔히 투자를 수학으로 착각합니다. 1,000만 원으로 200만 원을 벌었다면, 다음엔 1억 원을 넣어서 2,000만 원을 벌 수 있다는 달콤한 마법을 꿈꾸죠. 계산기 두드려보면 맞는 말입니다.

하지만 실전 투자는 수학이 아니라 심리학의 영역입니다. 투자금의 단위가 0 하나 더 붙어 커지는 순간, 우리의 뇌와 심장은 과거와는 전혀 다른 무시무시한 압력을 받게 됩니다. 그리고 평소라면 절대 하지 않았을 치명적인 실수를 저지르게 되죠.

상상해 보십시오. 1,000만 원 투자할 때의 -10%는 100만 원 손실입니다. "아이고, 수업료 냈네" 하고 툭 털 수 있습니다. 하지만 1억 원일 때의 -10%는 1,000만 원입니다. 앉은자리에서 소형차 한 대가 날아가는 겁니다. 같은 비율이라도 금액의 크기가 달라지면 우리 뇌가 느끼는 고통은 기하급수적으로 커집니다. 이 공포감은 냉정한 이성을 마비시키고, 결국 바닥에서 주식을 다 던져버리는 투매로 이어지게 만듭니다.

어디 그뿐입니까? 감당하기 어려운 큰돈을 굴리게 되면 투자는 더 이상 재테크가 아니라 지옥 같은 스트레스가 됩니다. 주가 좀 떨어지면 밥맛이 없고, 괜히 가족들에게 짜증을 내게 되죠. 건강한 일상이 무너진 상태에서 과연 올바른 투자 결정이 나올 수 있을까요? 천만의 말씀입니다. 게다가 작은 돈으로는 과감하게 손절도 하고 승부도 걸었던 전략이, 판돈이 커지면 손실에 대한 공포 때문에 손발이 묶여 이도 저도 아닌 멍청한 매매로 변질됩니다.

이것이 바로 산전수전 다 겪은 슈퍼개미들이, 아무리 돈을 많이 벌어도 자신의 심리가 감당할 수 있는 자신만의 그릇 크기, 즉 최적의 투자 원금을 목숨처럼 지키는 이유입니다.

그렇다면 우리는 이 그릇을 실전에서 어떻게 관리해야 할까요? 해법은 간단하면서도 강력합니다. 여러분의 자산을 두 개의 다른 방에 나누어 담는 것입니다.

하나는 공격 계좌(주식 계좌)입니다. 여기에는 여러분의 심장이 떨리지 않을 만큼, 딱 내가 감당할 수 있는 최적의 원금만 넣습니다. 설령 내일 당장 반 토막이 나도 오늘 저녁밥 먹는 데 지장이 없는 수준이어야 합니다. 그리고 여기서 수익이 나면? 복리로 굴리겠답시고 놔두지 말고, 원칙에 따라 싹 걷어내어 다음 계좌로 보내야 합니다.

바로 '수비 계좌'(안전 자산 계좌)입니다. 이곳은 여러분의 삶을 지키는 최후의 보루입니다. 공격 계좌에서 거둔 승리의 전리품과 여유 자금을 이곳에 차곡차곡 쌓아갑니다. 예금이나 채권처럼 시장이 요동쳐도 끄떡없는 안전한 곳이어야 합니다. 이 돈의 존재 이유는 명확합니다. 주식 시장이 붕괴하는 최악의 날 여러분의 가정을 지키고, 역설적으로 시장에 '대바겐세일'이라는 일생일대의 기회가 왔을 때, 공격 계좌에 새로운 실탄을 공급하는 강력한 예비군이 됩니다.

우리의 목표는 단기간에 1억을 10억으로 뻥튀기하는 도박이 아닙니다. 진짜 목표는 내가 감당할 수 있는 그릇의 크기 안에서 꾸준히, 그리고 평생에 걸쳐 실패하지 않고 살아남는 투자를 이어가는 것입니다.

자기 자신의 그릇을 아는 것, 그것은 겸손의 다른 이름입니다. 제발 함부로 그릇을 억지로 키우려 하지 마십시오. 넘치는 물은 그릇을 깨뜨리고 원래 담겼던 것마저 모두 앗아갈 뿐입니다. 대신 여러분의 그릇을 단단하게 빚고, 그 안에서 차분히 수익을 쌓아가십시오.

치열한 분석만이
'존버'를 가치 투자로 만든다

"작가님, A 종목 -50%인데 어떡하죠? 이거 일단 '존버' 해야 합니까?"

대한민국 주식 시장에서 가장 많이 쓰이는 단어 중 하나가 바로 '존버'입니다. "X나게 버틴다"라는 그 거친 표현 속에는 뼈가 깎이는 시장의 하락을 온몸으로 견디겠다는 우리 개인 투자자들의 처절한 의지가 담겨 있습니다. 때로는 이것이 주식 투자의 가장 위대한 미덕처럼 포장되기도 하죠.

죄송하지만 찬물을 좀 끼얹어야겠습니다. 이 존버라는 말 뒤에는 아주 위험한 착각과 자기기만이 숨어 있기 때문입니다. 냉정하게 말해 존버의 99%는 인내가 아닙니다. 그저 분석하기 귀찮은 게으름과 손실을 확정 짓기 두려운 공포심을 가리기 위한 달콤한 자기 합리화에 불과합니다.

기다림이라고 모두 똑같지는 않습니다. 우리가 해야 할 것은 희망 고문에 갇힌 맹목적인 버티기가 아닙니다. 치열한 분석과 검증 끝에 얻은,

흔들리지 않는 확신에 기반한 인내여야 합니다. 이 둘의 결정적인 차이를 구분하지 못한다면 당신의 소중한 시간과 자본은 가라앉는 배 위에서 허망하게 낭비될 것입니다.

지금 여러분 계좌 한구석에 처박혀 있는 그 -50%짜리 종목을 떠올려 보십시오. 왜 팔지 못하고 들고 있는 걸까요? 가슴에 손을 얹고 솔직하게 물어봐야 합니다. 십중팔구는 본전 생각일 겁니다. 마이너스를 확정 짓는 게 너무 아프고, 나의 첫 판단이 틀렸다는 걸 인정하기 싫은 자존심이 매도 버튼을 가로막고 있는 거죠. 아니면 "이렇게 떨어졌는데 언젠가는 오르겠지"라는 막연한 희망에 기대고 있을 수도 있습니다.

이 모든 것의 공통점이 무엇일까요? 바로 차가운 이성과 분석이 빠졌다는 겁니다. 그 자리엔 오직 과거에 대한 미련과 미래에 대한 기도, 즉 뜨거운 감정만 남아 있을 뿐입니다. 주가가 왜 떨어졌는지, 앞으로 오를 만한 구체적인 근거는 무엇인지에 대한 논리가 전혀 없는 상태. 그저 "시간이 해결해 주겠지"라며 수동적으로 버티는 이런 존버의 끝, 대부분 더 큰 손실이거나 기약 없는 시간 낭비라는 비극으로 끝납니다.

그렇다면 워런 버핏 같은 위대한 가치 투자자들은 어떻게 그 긴 하락을 견디고 기어이 수십 배의 수익을 만들었을까요? 그들도 그냥 존버한 것 아니냐고요? 천만의 말씀입니다. 그들은 존버한 것이 아니라 확신을 가지고 투자한 것입니다. 그들의 강철 같은 확신은 타고난 배짱이나 믿음에서 나오는 게 아닙니다. 그 어떤 비바람에도 뚫리지 않는 치열한 분석이라는 갑옷에서 나옵니다.

"깡으로 버텨야 큰돈을 번다"라고들 하지만 깡의 근본은 지식입니다.

한 종목을 완벽에 가까울 정도로 치밀하게 분석해서 나온 확신이 필요합니다. 바로 이 지점이 존버와 가치 투자가 갈라지는 부분입니다. 깡으로 버티려면 사업의 본질에 대한 완벽한 이해가 필요합니다. 기업의 사업보고서를 소설책 읽듯 씹어 먹으며 비즈니스 모델과 기술적 해자를 파악합니다.

또한 냉철한 가치 평가로 감이 아니라 숫자로 증명합니다. 현재 주가가 기업의 청산가치나 성장가치에 비해 터무니없이 싸다는 확실한 안전마진을 확보합니다. 그리고 최악의 시나리오에 대비합니다. 무조건 잘될 거라고 믿는 게 아닙니다. "회사가 최악의 상황에 빠져도 망하지 않고 살아남을 체력이 있는가?"를 확인한 뒤 "그래도 살아남는다"라는 결론이 났을 때 비로소 투자를 감행합니다.

지금 당장 계좌를 보고 반 토막 난 종목이 있으면 생각해 보길 바랍니다. 위에서 말한 세 가지 분석 과정을 거쳐서 그 주식을 샀습니까? 그 기업의 10년 뒤 미래에 대해, 지금 옆 사람을 붙잡고 10분 이상 침 튀겨가며 논리적으로 설명할 수 있습니까?

만약 대답이 "아니요"라면 지금 당장 그 의미 없는 존버를 멈추십시오. 그리고 들 중 하나를 선택하십시오. 과감히 손절매해 고통스러운 족쇄를 끊어버리든지, 아니면 지금부터라도 그 기업을 처음부터 다시 치열하게 분석하든지 말입니다. 그렇게 밤을 새우며 분석한 끝에 "이 회사는 절대 망하지 않으며, 결국 다시 성장한다"라는 나만의 확고한 논리를 세울 수 있다면 그때부터 여러분의 버티기는 더 이상 존버가 아니게 됩니다. 위대한 결실을 기다리는 희망찬 가치 투자가 되는 것이니까요.

진짜 승자는 무식하게 버티는 사람이 아닙니다. '내가 왜 버텨야 하는지'를 아는 사람, 그리고 '언제 버티기를 멈춰야 하는지'를 아는 사람입니다. 맹목적인 희망을 버리고, 치열한 분석을 통해 단단한 확신의 갑옷을 입으십시오. 그 갑옷만이 변동성의 시장에서 여러분을 지키고, 시간이라는 위대한 선물을 안겨줄 것입니다.

코스피 5천 시대를 이끈 종목
HD현대중공업

울산의 거대한 독에서 울려 퍼지는 망치 소리와 밤낮을 잊은 용접 불꽃은 이제 단순한 선박 제조를 넘어, 대한민국 경제의 새로운 지도를 그리는 신호탄이 되었습니다. 2025년 초, 조선업계에 조심스럽게 감돌던 슈

퍼사이클에 대한 기대감은 1년이 지난 지금, 확신을 넘어선 거대한 실체가 되어 HD현대중공업을 시가총액 상위권의 주역으로 우뚝 세워놓았습니다. 2025년 1월부터 2026년 1월까지 이어진 장대한 여정은 한 기업이 어떻게 전통 산업의 한계를 극복하고 글로벌 패권의 중심에 서게 되었는지를 보여줍니다.

이 눈부신 성장의 근간에는 10여 년 만에 돌아온 조선업 슈퍼사이클이 자리하고 있습니다. 2025년 한 해 동안 전 세계는 환경 규제 강화와 에너지 전환이라는 거대한 숙제를 마주했고, 그 해답은 HD현대중공업의 기술력에 있었습니다. LNG 운반선은 물론, 미래의 에너지원으로 각광받는 암모니아 운반선(VLAC) 등 고부가가치 선박들의 수주 잔고가 200조 원을 돌파하며 독은 향후 수년 치의 일감으로 가득 찼습니다. 현대중공업은 이제 구매자의 요구에 맞추는 단계를 넘어 가격 결정권을 쥐는 '공급자 우위'의 시장을 주도하게 되었습니다.

하지만 2025년 주식 시장을 가장 뜨겁게 달군 키워드는 단연 '마스가(MASGA)' 프로젝트를 통한 미국 군함 MRO 시장 진출이었습니다. "미국 조선업을 다시 위대하게(Make American Shipbuilding Great Again)"라는 의미를 담은 이 프로젝트는 한미 양국의 전략적 이해관계가 맞아떨어진 결과물입니다.

미국은 자국 내 부족한 함정 정비 역량을 보완하기 위해 한국의 압도적인 조선 기술력을 파트너로 선택했고, HD현대중공업은 미 7함대 소속의 '앨런 세퍼드함' 정비 사업을 수주하며 그 서막을 알렸습니다. 이는 단순한 수리를 넘어 향후 20조 원 규모에 달하는 미국 해군 함정 시장의 문을 여는 마스터키가 되었으며, 실제로 2026년 초 추가 수주 소식까지 전해지며 시장의 환호를 이끌었습니다.

이러한 모멘텀은 주가라는 숫자로 화답했습니다. 2025년 1월 초, 약 20만 원 선에서 조용히 출발했던 HD현대중공업의 주가는 실적 퀀텀 점프와 미국발 수주 소식이 이어질 때마다 거침없이 계단을 올랐습니다. 2026년 1월, 주가는 어느덧 60만 원을 넘어서며 1년 남짓한 기간 동안 약 200%에 달하는 경이로운 상승률을 보여주었습니다. 기록적인 주가 상승은 단순히 기업의 가치를 매긴 결과가 아니라, 대한민국 조선업이 전 세계 해상 패권과 에너지 수송의 심장부로 다시 돌아왔음을 선포하는 이정표와 같습니다.

이제 HD현대중공업은 전통적인 배를 만드는 회사가 아니라, 바다 위의 스마트 인프라를 구축하고 동맹국의 안보를 책임지는 '토털 마린 솔루션' 기업으로 재정의되고 있습니다. 지난 1년간 우리는 이 기업이 보여준 혁신과 결단이 어떻게 한국 경제의 든든한 버팀목이 되었는지 목격했습니다. 그리고 그 기세는 이제 더 높은 목표를 향해, 울산의 바다를 넘어 전 세계 대양으로 힘차게 뻗어나가고 있습니다.

새로운 공식으로 종목을 발굴하라

낮은 PBR, 밸류업 정책이
끌어올린 보물지도

오래된 창고 깊숙한 곳, 먼지 쌓인 상자 안에서 우연히 발견한 낡은 보물지도를 상상해 볼까요. 대한민국 주식 시장에서는 PBR(주가순자산비율)이라는 지표가 바로 그 재발견된 보물지도와 같습니다.

"PBR 낮아 봤자 만년 저평가야."
"오르지도 않는 거 쳐다봐서 뭐 해."

솔직히 불과 몇 년 전까지만 해도 PBR은 찬밥 신세였습니다. 투자자들은 꿈을 먹고 자라는 고PER 성장주에만 열광했고, PBR은 과거의 영광이나 보여주는 촌스럽고 고리타분한 숫자로 치부되었죠.

하지만 세상이 변했습니다. 기업 밸류업 프로그램이라는 거대한 지각 변동이 이 낡은 지표의 가치를 180도로 바꿔놓았기 때문입니다. 이제 PBR은 단순히 얼마나 싼가를 보여주는 걸 넘어, "앞으로 얼마나 무섭게 오를 수 있는가"라는 상승 잠재력을 가장 명확하게 보여주는 핵심 내비게이션이 되었습니다. 대세 상승장에서 외국인 큰손들이 가장 먼저 펼쳐든 지도 역시 바로 이 PBR이었다는 사실에 주목해야 합니다.

지금부터 왜 이 시대가 PBR을 다시 호출했는지, 그리고 우리는 이 지도를 어떻게 해독해야 함정을 피해 진짜 보물을 찾을 수 있는지 구체적인 독해법을 이야기해 보겠습니다.

분석에 앞서 PBR이 뭔지부터 간단히 정리하고 갈까요? PBR은 주가를 주당순자산(BPS)으로 나눈 값입니다. 어렵게 생각할 것 없습니다. 오늘 당장 회사 문을 닫고 자산을 처분해 부채를 모두 갚은 뒤 남는 순자산을 모든 주주에게 나눠줬을 때, 주식 1주당 돌아오는 몫을 주당순자산(BPS)이라고 부릅니다. 흔히 '주당 장부가치'라고도 하죠. PBR은 그 장부가치에 비해 현재의 주가가 싼지 비싼지를 보여주는 비율입니다.

예를 들어 PBR이 1배라면 시장이 이 회사 가치를 딱 장부에 적힌 만큼 인정하고 있다는 뜻입니다. 그런데 만약 PBR이 0.5배라면? 지금 회사를 청산하면 내가 산 주가보다 2배의 돈을 돌려받을 수 있다는 뜻입니다. 100만 원짜리 지갑을 50만 원에 파는 격이죠. 한때 대한민국 증시에는 이런 기업이 절반이 넘었습니다. 우리가 그토록 부끄러워했던 코리아 디스카운트의 명백한 증거이기도 합니다.

그렇다면 무엇이 잠든 PBR을 흔들어 깨웠을까요? 이유는 명쾌합니다. 밸류업 프로그램의 모든 정책이 이 PBR 숫자를 강제로 끌어올리도록 설계되었기 때문입니다.

과거에 PBR이 낮았던 이유는 간단합니다. 기업이 돈을 아무리 잘 벌고 자산을 산처럼 쌓아도 그걸 주주랑 나눌 생각이 없었습니다. 현금이고 부동산이고 전부 대주주 개인 금고에 들어 있는 그림의 떡이었죠.

하지만 밸류업 프로그램은 이 금고를 강제로 엽니다. 자사주 소각 의무화로 쌓아둔 현금을 태우게 만들고, 세금 혜택으로 배당을 독려하며, 이사들에게 주주 충실의무를 지워서 딴짓 못 하게 만듭니다.

결국 밸류업은 PBR이라는 지표를 "이 회사는 과거에 돈을 많이 벌어뒀습니다"라는 수동적인 과거형 문장에서, "이 회사는 앞으로 이 자산을 주주들에게 돌려줄 수밖에 없습니다"라는 강력한 미래형 문장으로 바꿔놓은 겁니다. 이것이 바로 외국인들이 저PBR 금융주와 지주사를 쓸어담는 이유입니다. 잠자던 사자가 눈 뜨는 걸 본 거죠.

자, 이제 우리도 이 지도를 들고 보물찾기에 나서야 합니다. 하지만 흥분하면 안 됩니다. PBR이 낮다고 덥석 물었다가는 큰일 납니다. 개중에는 진짜 보물도 있지만, 영원히 가격이 오르지 않는 늪, 즉 가치 함정(Value Trap)도 도사리고 있으니까요.

일단 첫 번째로 'PBR이 낮은 이유'를 집요하게 파고드십시오. 단순히 시장의 오해나 인기투표에서 밀려 저평가된 건지, 아니면 산업 자체가 망해가고 있어서 시장이 사형 선고를 내린 건지를 구별해야 합니다.

두 번째는 '자기자본이익률(ROE)'을 세트로 보십시오. 자산이 많은 게 중요한 게 아닙니다. 그 자산으로 돈을 얼마나 잘 불리느냐가 핵심입니다. PBR은 낮은데 ROE가 꾸준히 두 자릿수를 찍는다? 이건 자산을 훌륭하게 굴리고 있다는 증거입니다. '낮은 PBR + 높은 ROE', 이 조합이야말로 가치 투자의 절대 공식입니다.

마지막으로 세 번째는 '경영진의 주주환원 의지'를 확인하는 겁니다. 곳간이 꽉 찼어도 주주에게 돌려줄 마음이 없는 구두쇠 기업은 의미가 없습니다. 최근 3년간 배당을 늘려왔는지, 자사주 소각 계획을 발표했는지, IR 자료에 '주주가치'라는 말이 얼마나 자주 나오는지를 확인합니다.

PBR이라는 낡은 지도가 이제 가장 확실한 이정표가 되었습니다. 더 이상 외면하지 마십시오. PBR의 재발견은 단순히 새로운 투자 기법을 배우는 게 아닙니다. 대한민국 자본시장의 거대한 패러다임 대전환에 올라타는 가장 지혜롭고 안전한 탑승권입니다.

낮은 PER,
연봉이 높으면 훌륭한 사람?

"종목 고르는 기준이 뭡니까?"

이제 막 주식에 입문한 초보 투자자들에게 이 질문을 던지면, 열에 아홉은 이렇게 대답합니다. "저는 무조건 PER 낮은 거 삽니다. 그게 저평가니까요."

벌어들이는 이익에 비해 주가가 싸다는 PER(주가수익비율)의 논리는 참으로 직관적이고 달콤합니다. PER이 5배인 기업은 지금처럼 돈을 벌면 5년 만에 투자 원금을 다 뽑는다는 뜻이니, 얼마나 안전해 보입니까? 하지만 바로 이 지점에 수많은 개인 투자자들을 실패의 늪으로 빠뜨리는 치명적인 함정이 도사리고 있습니다.

냉정하게 말해 단순히 PER 숫자 하나만 믿고 투자하는 것은 "연봉이 높으니 훌륭한 사람이다"라고 단정하는 것과 똑같습니다. 그 사람의 인성이 어떤지, 미래 성장 가능성은 있는지 전혀 보지 않은 채 말이죠.

먼저 PER이라는 지표 뒤에 숨겨진 불편한 진실, 바로 이익의 '질(Quality)'에 관해 이야기해 봅시다. PER이 낮다는 건, 사실 둘 중 하나입니다. '정말 싸서 저평가'되었거나, 아니면 '쌀 이유가 있어서 싼' 경우죠. 안타깝게도 시장에서 보는 90%의 경우는 후자입니다. 똑같이 PER이 5배라도 그 이익이 어떻게 만들어졌느냐에 따라 가치는 하늘과 땅 차이가 납니다.

숫자는 우리를 어떻게 속일까요? 가장 흔한 첫 번째 함정은 '일회성 이익'입니다. 회사가 가지고 있던 빌딩이나 자회사 지분을 팔면 그해 당기순이익은 일시적으로 폭발하고 PER은 뚝 떨어집니다. 초보자들은 "와 싸다!" 하고 달려들죠. 하지만 이건 실력이 아니라 재산을 판 돈입니다. 내년엔 이익이 급감하고 PER은 다시 치솟을 게 뻔한, 신기루 같은 숫자일 뿐입니다.

두 번째 함정은 '경기 순환 산업'입니다. 철강, 화학, 조선 같은 경기민감주들은 호황기 꼭대기에서 역대급 이익을 내며 PER이 극도로 낮아집니다. "이렇게 돈을 잘 버는데 PER이 3배라고?" 투자자들이 환호하며 매수 버튼을 누르는 바로 그 순간이 사이클의 정점이자 추락의 시작입니다. 사이클 산업에서 낮은 PER은 저평가가 아니라, 종종 "이제 곧 망가집니다"라는 강력한 '고점 매도 신호'라는 걸 알아야 합니다.

마지막 세 번째 함정은 '성장성의 부재'입니다. 어떤 기업의 PER이 만년 바닥을 기고 있다면, 그건 시장이 그 기업의 미래를 아주 어둡게 보고 있다는 방증입니다. 지금은 돈을 좀 벌지 몰라도 산업의 판도가 바뀌어 곧 도태될 것이라고 냉정하게 사형 선고를 내린 상태일 수 있다는 겁니다. 이건 저평가가 아니라 성장 정체에 대한 합당한 대우입니다.

그렇다면 우리는 어떻게 이 덫을 피하고 흙 속에 묻힌 진주 같은 저 PER 주를 찾아낼 수 있을까요?

가장 먼저 'ROE(자기자본이익률)의 일관성'을 확인하십시오. 자본을 투입해 얼마나 효율적으로 돈을 버는지를 보여주는 이 지표가 핵심입니다. 들쭉날쭉한 게 아니라 지난 5년간 꾸준히 15% 이상을 찍었다면, 그 기업의 이익은 우연이 아니라 구조적인 실력입니다. '낮은 PER + 높은 ROE', 이것이야말로 실패할 수 없는 최고의 조합이니까요.

그다음은 '현금흐름표의 건전성'입니다. 손익계산서의 이익은 회계사가 만든 장부상의 숫자일 뿐 통장에 꽂힌 돈과는 다를 수 있습니다. 우리는 반드시 현금흐름표를 열어 '영업활동 현금흐름'이 순이익보다 많거나 비슷한지 확인해야 합니다. 물건을 팔고 실제로 현금이 들어와야 그게 진짜 이익이니까요.

하나 더 보자면 다른 종목과 비교할 필요가 있습니다. PER이 5배라고 무조건 싼 게 아닙니다. 경쟁사 평균이 20배라면 싸지만, 경쟁사들이 다 3배, 4배 하고 있다면 오히려 비싼 걸 수도 있습니다.

PER은 분명 매력적인 도구입니다. 하지만 그것은 양날의 검과 같아서, 제대로 다룰 줄 모르면 오히려 내 손을 벨 수도 있습니다. 이익의 양에 취하지 말고, 이익의 질을 꿰뚫어 보는 현명한 눈을 가져야 합니다. 그래야 비로소 PER이라는 강력한 무기를 자유자재로 다루며, 흔들리지 않는 수익을 쌓아 올릴 수 있을 것입니다.

높은 ROE와 현금흐름표,
돈 잘 버는 기업을 찾는 최고의 필터

학교 다닐 때 공부 잘한다고 칭찬받던 친구들을 떠올려 봅시다. 단순히 이번 중간고사 시험 점수 하나 높다고 우등생이라고 하진 않았을 겁니다. 벼락치기로 반짝 점수를 낸 친구보다는, 매일매일 꾸준한 학습 습관이 몸에 배어 있고, 지치지 않는 체력을 바탕으로 어떤 난이도의 시험에서도 흔들리지 않는 점수를 내는 친구. 그런 친구가 결국 수능이라는 최종 관문에서 승리자가 되곤 했죠.

주식 투자도 완벽하게 똑같습니다. 앞서 PBR이나 PER 같은 지표를 통해 기업의 성적표를 읽는 법을 배웠습니다. 하지만 시장의 진짜 고수들은 그 성적표 숫자 너머의 본질을 꿰뚫어 봅니다. 바로 그 기업이 얼마나 효율적으로 돈을 버는 체질(ROE)을 타고났는지, 그리고 그 체질을 뒷받침할 기초 체력이 얼마나 건강하고 튼튼한지(현금흐름)를 집요하게 파고듭니다.

앞으로는 이 두 가지 지표가 알짜배기와 껍데기를 가리는 강력한 필터가 됩니다. 불황을 견뎌내고 다가올 호황의 과실을 온전히 누릴 자격이 있는 기업은, 언제나 돈을 효율적으로 잘 벌고 '돈맥경화' 없이 현금이 콸콸 도는 기업이기 때문입니다. 지금부터 기업의 민낯을 투시하는 궁극의 필터 두 개를 함께 장착해 봅시다.

첫 번째 필터는 바로 기업의 장사 수완을 측정하는 ROE(자기자본이익률)입니다. 쉽게 말해 ROE는 "주주의 돈을 가지고 1년 동안 얼마나 효율적으로 이익을 냈는가"를 보여주는 기업의 핵심 성적표입니다. 여기서 자기자본이란 은행 빚을 다 떼고 남은 순수한 내 돈, 즉 우리 주주들의 돈을 뜻하죠. 워런 버핏이 "기업을 고르는 단 하나의 기준을 꼽으라면 주저 없이 ROE를 보겠다"라고 했을 정도로, 이 지표는 기업의 수익 창출 능력을 적나라하게 보여줍니다.

왜 이토록 중요할까요? 첫째, ROE는 내 자산이 불어나는 복리의 속도를 결정하기 때문입니다. ROE가 20%인 기업은 주주의 돈을 매년 20%씩 눈덩이처럼 불리고 있다는 뜻입니다. 이런 기업에 장기 투자하면 시간의 힘과 결합해 자산은 기하급수적으로 늘어납니다.

둘째, 높은 ROE는 강력한 기술적 해자의 증거입니다. 남들이 감히 넘볼 수 없는 브랜드 파워나 독점적 지위가 없다면, 경쟁이 치열한 시장에서 결코 오랫동안 높은 이윤을 남길 수 없을 테니까요.

그러니 단순히 PBR이나 PER이 낮아서 싸 보이는 기업만 찾아다니지 마십시오. 오히려 시선을 돌려 "지난 5년간 ROE를 꾸준히 15% 이상 유지했는데, 시장의 일시적인 오해로 주가가 떨어져 밸류에이션이 낮아진 기업"을 찾아야 합니다.

두 번째 필터는 기업의 생명력을 측정하는 혈액 검사, 바로 현금흐름입니다. ROE가 장사하는 기술이라면, 현금흐름은 그 사람의 건강 상태와 같습니다. 아무리 기술이 좋아도 몸속에 피가 제대로 돌지 않으면 사람은 한순간에 쓰러집니다. 기업도 마찬가지입니다. 우리가 보는 손익계산서상의 순이익은 회계상의 숫자일 뿐, 실제 통장에 꽂힌 현금과는 다를 수 있습니다. 이익은 났는데 부도가 나는 '흑자 도산'이라는 말이 괜히 있는 게 아닙니다. 그러니 반드시 현금흐름표를 열어서, 실제로 돈맥경화 없이 피가 잘 돌고 있는지 깐깐하게 확인해야 합니다.

재무제표를 보면 현금흐름은 크게 세 줄기로 흐릅니다. 이 흐름을 읽는 게 핵심입니다.

우선 가장 중요한 것은 '영업활동 현금흐름'입니다. 말 그대로 물건 팔고 서비스해서 본업으로 번 돈이죠. 당연히 플러스(+)여야 하고 클수록 좋습니다. 만약 이 영업 현금흐름이 장부상 순이익보다 크거나 비슷하다면 기업이 아주 질 좋은 이익을 내고 있다고 확신할 수 있습니다.

다음으로 '투자활동 현금흐름'이 있습니다. 공장을 짓거나 기계를 사는 등 미래 성장을 위해 돈을 쓴 내역인데, 성장하는 기업이라면 끊임없이 재투자해야 하니 마이너스(-)인 것이 지극히 정상적이고 건강한 신호입니다.

마지막으로 '재무활동 현금흐름'은 은행에서 돈을 빌리거나 갚고, 주주에게 배당을 주는 내역으로 상황에 따라 해석이 달라집니다.

이걸 어떻게 조합해서 판단해야 할까요? 아무리 ROE가 높아도 영업으로 들어오는 현금이 들쑥날쑥하거나 불안정하다면 그 기업의 기초 체력은 약한 겁니다. 반면 현재 ROE는 다소 낮더라도 영업 현금흐름이 꾸준히 개선되고 있다면, 조만간 실적이 돌아올 가능성이 높은 숨겨진 보석일 수 있습니다.

이제부터 종목을 고를 때는 반드시 이 두 개의 필터를 겹쳐서 봐야 합니다. ROE가 꾸준히 높으면서, 동시에 영업 현금흐름이 풍부하게 넘쳐나는 기업. 이 까다로운 두 조건을 모두 통과한 기업이야말로 진정한 가치 투자의 대상이 될 것입니다.

DART 공시,
숨겨진 부동산과 알짜 자회사 찾기

'저PBR 주식'이라는 말을 들으면 무엇이 떠오르나요? 아마 성장을 멈추고 낡은 공장부지 몇 개 깔고 앉아 있는, 재미도 없고 주가도 만년 제자리걸음인 '굴뚝주'들이 생각났을 겁니다. 솔직히 과거에는 그 말이 틀리지 않았습니다.

그러나 이젠 세상이 바뀌었습니다. 기업 밸류업 프로그램이라는 시대의 거대한 파도 앞에서 '자산가치'라는 키워드는 완전히 새로운 의미로 다시 태어났습니다. 먼지 쌓인 낡은 유산이 아니라, 기업가치의 폭발적인 재평가를 이끌 강력한 무기가 되었습니다. 이미 외국인들과 스마트 개미들은, 손익계산서에 찍히는 단기 실적 숫자보다 재무상태표 깊숙한 곳에 잠들어 있는 이 자산의 진짜 가치에 눈독 들이고 있습니다.

문제는 이 엄청난 보물들이 대부분 투자자의 눈에 잘 띄지 않는 곳에 꼭꼭 숨어 있다는 겁니다. 대부분은 스마트폰 화면에 뜨는 PER이나 PBR 같은 요약된 숫자만 봅니다. 정작 그 숫자의 뿌리가 되는 원본 지도, 바로

DART(전자공시시스템) 사업보고서라는 진짜 보물지도를 펼쳐볼 생각도 하지 않죠. 지금부터 저와 함께 DART 공시의 숲으로 들어가 잠자고 있는 기업의 진짜 가치를 깨우는 법을 배워봅시다.

가장 먼저 찾아낼 보물은 바로 장부가의 함정과 시가의 마법 속에 있습니다. 기업이 가진 토지나 건물 같은 유형자산은 장부에 보통 '취득 원가', 즉 수십 년 전 그 자산을 '샀던 가격(장부가)'으로 기록됩니다. 바로 여기에 엄청난 착시와 기회가 숨어 있습니다.

예를 들어 1980년대 서울 강남역 사거리 공장부지를 10억 원에 산 섬유 회사 A가 있습니다. 40년이 지난 지금도 이 회사의 재무상태표에는 그 땅값이 여전히 '10억 원'이라고 적혀 있습니다. 하지만 우리는 압니다. 지금 그 땅의 실제 가격 즉 시가는 1,000억 원을 훌쩍 넘는다는 것을요.

그런데 HTS 화면에 뜨는 이 회사의 PBR은 저 옛날의 10억 원짜리 장부를 기준으로 계산되어 있습니다. 진짜 자산가치인 990억 원은 숫자에 반영되지 않은 채로 말이죠. 만약 이 회사가 공장을 지방으로 옮기고 이 땅을 팔거나 개발한다면? 그 순간 숨겨진 가치가 폭발하며 주가는 수직으로 상승할 겁니다.

이 숨겨진 부동산을 어떻게 찾냐고요? DART에서 기업의 '사업보고서'를 여십시오. 그리고 '사업의 내용' 부분에서 회사가 가진 주요 사업장 주소를 확인합니다. 그다음엔 네이버 부동산이나 디스코 같은 앱에서 그 땅의 공시지가와 실거래가를 직접 찾아보세요. 또, 재무제표 주석의 '유형자산' 항목을 꼼꼼히 읽어보면 토지의 가치 변동 내역이 상세히 나옵니다. 귀찮다고요? 그 귀찮음 속에 돈이 있습니다.

다음은 알짜 자회사의 재발견입니다. 재무제표에는 '관계기업 및 종속기업 투자주식'이라는 딱딱한 이름으로 숨어 있죠. 쉽게 말해 내 회사가 가진 '다른 회사의 지분가치'입니다. 이 역시 투자했던 당시의 원금으로만 기록되어 있어 시장의 관심을 못 받는 경우가 허다합니다.

예를 들어 주가가 지지부진한 지주회사 B가 있다고 칩시다. 사람들은 B의 본업이 별로라며 외면합니다. 하지만 DART를 뒤져보니 B가 2~3년 뒤 상장을 준비 중인 알짜 바이오 기업 C의 지분을 30%나 가지고 있습니다. 장부에는 몇 년 전 투자한 원금 100억 원으로 나와 있지만, 여의도 증권가에서는 C가 상장하면 시총 1조 원은 거뜬하다고 평가합니다.

만약 C가 성공적으로 상장한다면? B가 가진 지분가치는 100억 원이 아니라 순식간에 3,000억 원으로 재평가됩니다. 배보다 배꼽이 더 큰 상황이 벌어지는 거죠. B의 주가는 이 숨겨진 보물의 가치를 반영해 폭등할 수밖에 없습니다. 이 정보는 사업보고서의 '계열회사 등에 관한 사항'에서 '타법인출자 현황' 표를 보면 낱낱이 확인할 수 있습니다.

바야흐로 밸류업의 시대입니다. 장부 뒤에 숨겨 나만 알던 자산의 가치를 강제로 꺼내 보여줘야 하는 시대가 온 겁니다. 이제 DART라는 보물지도를 활짝 펼치고, 남들이 보지 못하는 숨겨진 자산의 가치를 찾아냅시다. 달콤하고 거대한 열매가 여러분을 기다리고 있을 것입니다.

고배당주,
지금 사도 괜찮을까?

바야흐로 화려한 불꽃놀이처럼 터지는 '기업 밸류업 프로그램'과 'AI 혁명'의 시대입니다. 우리는 모두 거대한 성장의 서사에 취해 투자의 세계에서 기본적이지만 강력한 미덕 하나를 잊고 있는지도 모릅니다. 바로 기업이 거둔 결실을 주주와 정직하게 나누는 '배당'입니다.

"요즘 같은 불장에 무슨 따분한 배당주 타령입니까? AI 성장주 하나 잘 잡으면 1년 치 배당금을 하루 만에 버는데 말이죠."

속으로는 이렇게 생각할 수 있습니다. 저도 압니다. 매일 상한가를 치는 급등 테마주에 비하면, 일 년 내내 기다려 고작 4~5% 수익을 주는 배당주는 매력 없어 보일 수 있죠. 하지만 상승장이 언제까지고 지속될 수는 없습니다. 비바람이 몰아치고 파도가 덮치는 순간, 여러분의 계좌가 산산조각 나지 않도록 굳건한 안전장치가 되어줄 친구, 그리고 시장이 방향을 잃고 옆으로 기어갈 때도 내 주머니에 꼬박꼬박 현금을 꽂아주는 든든한 수익원. 그게 바로 배당주입니다.

게다가 2025년은 '배당소득 분리과세'라는 엄청난 정책의 순풍까지 불어왔습니다. 이제 배당주의 위상은 과거와 비교할 수 없을 정도로 높아졌습니다. 질문을 바꿔야 합니다. "배당주에 투자할까요?"가 아니라 "도대체 수많은 배당주 중에 어떤 옥석을 골라 담아야 합니까?"라고 말이죠.

배당은 주가가 오르든 내리든 상관없이 우리 손에 들어오는 확정된 현금입니다. 기업이 돈을 버는 한 약속된 날짜에 어김없이 계좌로 입금되죠. 이 현금은 하락장에서 내 멘털과 계좌를 지켜주는 에어백 역할을 하고, 나아가 더 싼 가격에 주식을 살 수 있는 재투자의 실탄이 됩니다.

꾸준히 높은 배당을 주는 기업치고 부실한 회사는 없다는 것도 믿을 만합니다. 일시적인 반짝 이익으로는 흉내 낼 수 없는 일이니까요. 탄탄한 현금 흐름과 사업 모델을 갖춘 우량 기업만이 주주에게 곳간을 열 여력이 있습니다. 고배당은 이 회사가 재무적으로 건강하다는 일종의 우량 인증 마크와 같습니다. 이 돈을 다시 재투자하면 자산이 눈덩이처럼 불어나는 복리의 마법까지 누릴 수 있으니 이보다 든든한 동업자가 어디 있겠습니까.

하지만 경계해야 할 점이 있습니다. 모든 고배당주가 안전한 천국은 아니라는 사실입니다. 여기에도 교묘한 함정들이 있습니다. 단순히 눈앞에 보이는 '배당수익률' 숫자만 믿고 덤볐다가는 배당 조금 받고 원금을 까먹는 소탐대실의 덫에 걸릴 수 있습니다. 진짜 알짜배기를 가려내려면 세 가지 까다로운 검증 과정을 거쳐야 합니다.

첫 번째, '배당의 지속성'을 의심해야 합니다. 땅을 팔거나 자회사를 팔아서 한 해만 특별 보너스로 많이 준 것인지, 아니면 지난 5년, 10년 동안 비가 오나 눈이 오나 꾸준히 배당해 왔는지 확인합니다. 기왕이면 해마다 배당금을 조금씩이라도 늘려온 '배당성장주'라면 더할 나위 없겠죠.

그다음은 '기업의 성장성'입니다. 배당을 7% 준다고 좋아했는데, 알고 보니 사양 산업이라서 매출도 줄고 이익도 줄어드는 기업이라면? 7%는 투자자를 꼬드기는 미끼일 뿐입니다. 미래의 이익이 줄어드는데 배당이 유지될 리 없고, 주가는 배당금보다 더 크게 곤두박질할 겁니다. 반드시 '낮은 PER, 높은 ROE' 같은 성장 지표가 살아 있는지 확인하십시오.

"그래서 고배당주, 지금 사도 됩니까?"
"네, 그렇습니다. 단, 가려야 합니다."

배당주 투자는 최고의 전략 중 하나입니다. 하지만 단순히 겉으로 드러난 수익률에 현혹되지 말고, 이익이 지속되는지, 회사가 성장하고 있는지, 그리고 가격이 합리적인지를 냉철하게 따져볼 필요가 있습니다. 그래야 진정한 배당주 투자의 달인이 되는 것이죠.

사양 산업의 1등 vs 성장 산업의 2등

지금까지 우리는 PBR이니 PER이니 하는 지표들을 통해 기업의 현재 성적표를 꼼꼼히 따지는 법을 배웠습니다. 물론 중요합니다. 하지만 투자의 역사 속에서 전설로 남은 거대한 부는 단순히 저평가된 현재를 사는 데서 나오지 않았습니다. 남들이 알아보지 못한 미래, 즉 폭발적인 성장 가치를 먼저 알아보고 베팅했을 때 만들어졌습니다.

아마존, 테슬라, 엔비디아를 보십시오. 이 위대한 기업들의 초창기를 기억해 보세요. 당시의 전통적인 가치 지표로는 도저히 설명이 안 되는 위험천만한 도박처럼 보였습니다. 하지만 그들에게는 세상을 송두리째 바꿀 거대한 성장 스토리가 있었고, 그 가치를 알아본 소수의 투자자는 상상조차 할 수 없는 부를 거머쥐었습니다.

결국 시장의 맨 앞에서 깃발을 들고 달리는 것은 성장입니다. AI, 2차 전지, 바이오 같은 새로운 산업들이 낡은 굴뚝 산업을 밀어내고 부의 지도를 다시 그릴 것입니다. 여기서 저는 여러분의 투자 철학을 관통하는 아주 중요한 질문 하나를 던지려 합니다.

"지는 해가 지배하는 사양 산업의 독점적인 1등 기업과
막 떠오르는 태양이 비추는 성장 산업의 치열한 2등 기업.
여러분이라면 어디에 내 돈을 거시겠습니까?"

먼저 사양 산업의 1등 기업을 볼까요? 내연기관 부품이나 제지 산업처럼 이미 성장이 멈춘 곳에서 독점적 지위를 누리는 기업들은 겉보기에 참 매력적입니다. 돈도 잘 벌고 배당도 많이 주고, PER이나 PBR도 바닥을 기고 있으니 재무제표만 보면 완벽한 가치주처럼 보입니다.

하지만 여기에 치명적인 가치 함정이 도사리고 있습니다. 아무리 그 동네 대장이라 한들, 시장 전체의 파이가 쪼그라들고 있는데 혼자만 성장할 수는 없기 때문입니다. 주가는 오르지 않고 영원히 제자리걸음이겠죠. 천천히 가라앉는 호화 유람선의 일등석에 앉아 있는 것과 같습니다. 당장은 편안하지만, 여러분의 부를 극적으로 키워줄 폭발력은 기대할 수 없습니다.

그럼 성장 산업의 2등 기업은 어떨까요? 전기차나 AI 소프트웨어 같은 곳은 매일매일 신기술이 쏟아지는 전쟁터입니다. 이곳의 2등, 3등 기업들은 미래의 대박을 꿈꾸게 하지만 현실은 살얼음판입니다. 기대감 때문에 주가는 비싸고, 배당 줄 돈은커녕 빚내서 투자하기 바쁘니 재무구조도 불안합니다. 잘되면 대박이지만, 삐끗해서 경쟁에 밀리면 순식간에 나락으로 떨어지는 양날의 검이죠. 하이 리스크, 하이 리턴의 전형입니다.

진짜 고수들은 1번도 2번도 아닌, 제3의 길을 뚫습니다. 바로 두 선택지의 장점만을 교묘하게 결합한, 가장 이상적인 성장가치주를 찾아 나서는 거죠. 폭발적으로 성장하는 산업이라는 최고의 운동장에서 뛰고 있으면서 압도적인 경쟁력을 가진 최고의 선수를 찾습니다.

단순히 성장한다고 해서 덥석 무는 것도 아닙니다. 까다로운 검증의 칼날을 들이댑니다. 가장 먼저 이 산업이 국가 경제가 성장하는 속도(GDP)보다 월등히 빠르게 크고 있는지를 확인합니다. 그리고 그 안에서 이 기업이 남들은 흉내 내지 못할 독점적인 기술적 해자를 쥐고 있는지를 보죠. 마지막으로 현재의 실적이 아니라 3년, 5년 뒤 벌어들일 막대한 이익을 기준으로 계산했을 때 지금 주가가 합리적인지까지 따집니다.

결국 위 질문에 대한 가장 현명한 답은 '성장 산업의 압도적인 1등, 혹은 누구도 대체할 수 없는 2등'이어야 합니다.

HTS 종목검색 기능,
나만의 저평가 우량주 후보군 찾기

지금까지 우리는 PBR, PER, ROE 같은 지표들을 통해 진짜 좋은 기업의 몽타주를 그리는 법을 배웠습니다. 이론은 완벽해 보입니다. 하지만 당장 실전에 적용하려면 막막할 겁니다.

"코스피랑 코스닥 합쳐서 상장된 회사가 2,700개가 넘습니다. 그걸 어느 세월에 하나하나 다 까보고 분석합니까?"

걱정하지 마십시오. 우리에게는 이 광활하고 막막한 모래사장에서 가능성 높은 금광만을 콕 집어 찾아주는 강력한 탐지기가 있습니다. 바로 여러분의 HTS 구석에 잠자고 있는 '종목검색' 기능입니다.

안타깝게도 수많은 투자자가 이 엄청난 무기를 그저 장식품처럼 방치하고 있습니다. 지금부터 이 잠자는 도구를 깨워, 우리가 배웠던 모든 밸류업 지식을 쏟아붓고 오직 나만을 위한 '저평가 우량주 비밀 리스트'를 단 5분 만에 뽑아내는 실전 기술을 전수하겠습니다. 남의 추천 종목 따위에 내 돈을 걸지 않고, 스스로 흙 속의 진주를 캐내는 독립적인 투자자로 거듭나는 위대한 첫걸음이기도 합니다.

단, 종목검색은 정답을 찍어주는 요술램프가 아니라는 걸 기억하세요. 2,700개가 넘는 방대하고 막연한 과녁을, 우리가 집중해서 현미경을 들이댈 만한 20~30개의 후보군으로 좁혀주는 거름망 정도로 이용하는 게 좋습니다.

거름망을 통과한 종목들은 적어도 기본기는 갖춘 녀석들입니다. 하지만 최종적으로 매수 버튼을 누를지 말지는 사업 모델은 튼튼한지, 경영진은 믿을 만한지, 해자는 있는지 등 우리가 지금까지 배운 정성적 분석을 거쳐 결정해야 합니다. 종목검색은 시작점일 뿐 마지막 선택은 온전히 투자자인 여러분의 실력에 달려 있다는 사실을 잊지 마십시오.

자, 이제 HTS의 '조건 검색' 창을 여십시오. 그리고 지금부터 알려주는 발굴 공식을 순서대로 따라 하면 됩니다. 우리의 목표는 꾸준히 돈을 잘 벌면서도, 시장이 아직 그 가치를 몰라봐서 자산 대비 현저히 싼 튼튼한 기업을 찾아내는 것입니다.

가장 먼저 기업의 맷집, 즉 안정성을 확보해야 합니다. '시가총액은 3,000억 원 이상, 부채비율은 150% 이하'로 설정합니다. 너무 작아서 바람 불면 날아갈 기업이나 빚더미에 앉아 언제 망할지 모르는 부실기업을 1차로 걸러내는 작업입니다.

그다음은 수익성 즉 실력을 검증할 차례입니다. 'ROE는 10% 이상, 영업이익률은 5% 이상'으로 입력합니다. 덩치만 크고 속은 빈 강정이 아니라, 자기 힘으로 돈을 벌어들이는 건강한 체질을 가진 선수들만 남기는 겁니다.

마지막으로 가장 중요한 저평가 여부를 따져야겠죠. 'PBR은 1배 이하, PER은 10배 이하'로 설정합니다. 자산도 많고 돈도 잘 버는데, 시장의 외면을 받아 주가가 억울할 정도로 싼 기업들을 찾아내는 결정적인 필터입니다.

이 조건들을 다 넣고 '검색' 버튼을 누르는 순간 마법 같은 일이 벌어질 겁니다. 2,000개가 넘던 막막한 종목 리스트가 순식간에 20~30개 내외의 정예 멤버로 압축될 테니까요. 이 리스트에 남은 기업들은 적어도 '망할 일 없고, 돈 잘 벌고, 자산도 빵빵한데 가격까지 착한' 기본기를 완벽하게 갖춘 녀석들입니다.

이제 여러분이 할 일은, 이 소중한 1차 합격자 명단을 '관심종목'에 따로 저장해 두고, 지금부터 숫자 너머의 스토리를 파고드는 것입니다. 마치 면접관이 된 심정으로 하나씩 심층 면접합니다. "이 기업이 속한 산업이 뜨고 있는가?", "경쟁자가 흉내 낼 수 없는 기술이 있는가?", "외국인이 슬금슬금 사 모으고 있는가?" 이 치열하고도 즐거운 탐구 과정을 거치면 단순한 후보군을 넘어 최종 포트폴리오를 완성하게 될 것입니다.

더 이상 누군가가 밥상을 차려주길 기다리지 맙시다. 나만의 보물을 직접 건져 올리는 유능한 탐험가가 되어야 합니다. 그 과정에서 느끼는 짜릿한 성취감과 자신감이야말로, 계좌에 찍히는 수익률보다 더 값진 투자의 가장 큰 보상입니다.

코스피 5천 시대를 이끈 종목
SK스퀘어

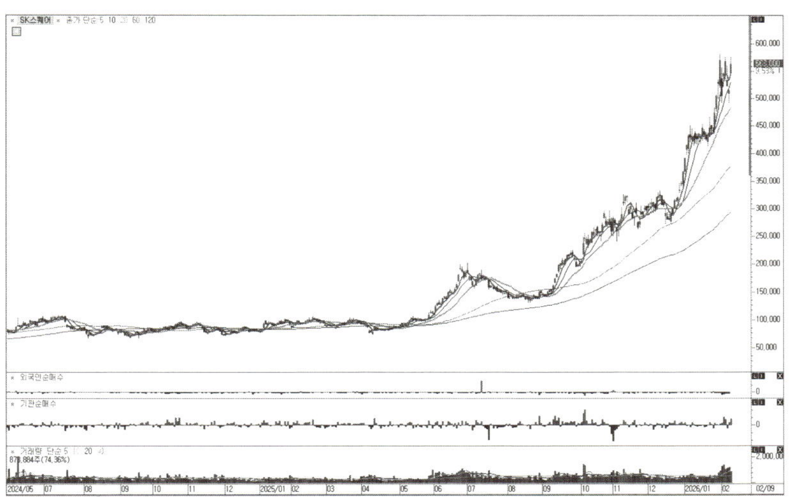

흔히 '지주사'라고 하면 자회사들의 가치에 가려져 정작 본체는 제 대접을 받지 못하는 할인의 늪을 떠올리곤 합니다. 하지만 2025년의 SK스퀘어는 그 오래된 편견을 단숨에 깨뜨리며 대한민국 증시에서 가장 화려

한 반전을 써 내려간 주인공이 되었습니다. 2025년 8만 원 초반에서 시작된 주가는 45만 원을 돌파하면서 압도적인 수익률을 만들었습니다. 단순히 시장의 흐름에 올라탄 결과가 아니라 스스로 가치를 증명한 치열한 투쟁의 기록이기도 합니다.

이 전례 없는 상승의 가장 큰 동력은 단연 자회사인 SK하이닉스의 유례없는 비상이었습니다. AI 시대의 심장이라 불리는 HBM 시장을 장악한 하이닉스의 가치가 재평가되면서, 그 지분을 약 20% 보유한 SK스퀘어의 순자산가치 역시 천문학적인 숫자로 불어났습니다. 과거에는 하이닉스가 아무리 잘 나가도 지주사라는 이유만으로 그 가치의 절반도 인정받지 못하는 '코리아 디스카운트'에 갇혀 있었지만, 2025년의 시장은 달랐습니다.

투자자들은 이제 SK스퀘어를 단순한 관리 회사가 아닌, 세계 최고의 반도체 자산을 가장 효율적으로 담고 있는 '압축적인 투자 플랫폼'으로 바라보기 시작한 것이죠. 하이닉스 주가가 매일 신고가를 경신할 때, 그 에너지는 고스란히 SK스퀘어의 주가로 전이되어 잠자던 거인을 깨웠습니다.

하지만 하이닉스의 후광만으로는 경이로운 주가 상승을 온전히 설명할 수 없습니다. SK스퀘어 성장의 진정한 묘미는 바로 경영진이 보여준 '공격적인 자사주 매입과 소각'이라는 승부수에 있었습니다. 이들은 단순히 주주들을 달래기 위한 구호에 그치지 않고, 확보한 현금을 아낌없이 투입해 자사주를 사들이고 이를 시장에서 영원히 없애버리는 소각 과정을 반복했습니다.

2025년 한 해 동안 수천억 원 규모의 자사주가 사라질 때마다 남겨진 주식들의 가치는 더욱 희소해졌고, 이는 주당 가치를 직접적으로 끌어올리는 강력한 엔진이 되었습니다. 여기에 드림어스컴퍼니, 인크로스 같은 비핵심 자산을 과감히 정리해 확보한 실탄을 다시 주주환원에 투입하는 '선순환의 연금술'은 시장의 전폭적인 신뢰를 이끌었습니다.

결국 SK스퀘어의 주가가 과거의 저점을 뒤로하고 새로운 지평을 열었을 때, 시장은 이를 '밸류업의 정석'이라 불렀습니다. 지주사 특유의 할인율을 무서운 속도로 좁히며 기업가치 제고의 이정표를 세운 것입니다.

우리는 지난 1년간 SK스퀘어를 통해, 우량한 자산을 보유한 기업이 주주를 향한 진심 어린 결단과 실행력을 만났을 때 주식 시장이 얼마나 열광적으로 화답하는지를 목격했습니다. 엄청난 주가 상승은 그 진정성이 만든 찬란한 훈장입니다. 이제 SK스퀘어는 단순한 지주사를 넘어 대한민국 투자자들이 가장 신뢰하는 '가치 성장의 표본'으로 자리매김하고 있습니다.

나만의 무기고를 만들어라

애널리스트 리포트를 읽는
진짜 기술

지금 주식 시장은 정보의 전쟁터입니다. 이 치열한 전장에서 우리 같은 개인 투자자에게 주어진 가장 강력하고, 가장 합법적인 무기는 무엇일까요? 바로 증권사 애널리스트들이 하루가 멀다고 쏟아내는 '기업 분석 리포트'입니다.

생각해 보십시오. 대한민국에서 공부 꽤 했다는 최고의 브레인들이 자기 지식과 인맥을 총동원해서 만든 이 고급 분석 자료를, 우리는 방에 앉아 HTS나 포털 사이트에서 공짜로 열어볼 수 있는 겁니다. 이건 정말 엄청난 특권이자 기회입니다. 안타깝게도 투자자 대부분은 이 훌륭한 무기를 전혀 쓸 줄 모릅니다. 수십 페이지에 달하는 리포트를 읽기는커녕, 맨 앞장에 요약된 '투자의견: BUY'와 '목표주가: 10만 원'이라는 결론만 쓱 보고 성급하게 매수 버튼을 누릅니다.

이건 최첨단 소총을 손에 쥐여줬더니 총 쏘는 법은 안 배우고 총 개머리판으로 못이나 박고 있는 꼴과 같습니다. 지금부터 이 무기의 영점을 잡고 제대로 격발하는 법, 즉 단순히 결론을 맹신하는 게 아니라 그 결론이 나오기까지의 과정과 논리를 이해하고 진짜 기회와 위험을 골라내는 기술을 배워봅시다. 이 기술을 장착하는 순간, 애널리스트 리포트는 세상에서 가장 믿음직한 여러분의 투자 파트너가 될 것입니다.

바쁜 현대인에게 리포트 수십 장을 정독할 시간이 어디 있습니까. 그러니 '투자의견'과 '목표주가' 먼저 확인하는 건 효율적인 접근입니다. 하지만 제발, 단순히 BUY라는 단어와 목표가 숫자만 보고 넘기지 마십시오. 그 행간에 숨겨진 강도의 차이와 변화의 방향성을 읽어야 합니다.

같은 매수 의견이라도 'Strong Buy(강력 매수)'와 그냥 'Buy'는 확신의 농도가 다릅니다. 더 중요한 건 변화의 흐름입니다. 만약 줄곧 '유지(Hold)' 의견을 내던 애널리스트가 갑자기 '매수(Buy)'로 의견을 상향 조정했다면? 이건 그 기업에 뭔가 천지개벽할 변화가 생겼다는 강력한 신호입니다. 목표주가도 마찬가집니다. 현재가보다 높은지가 중요한 게 아니라 이전 목표가보다 얼마나 올렸는지, 도대체 왜 올렸는지를 확인하는 게 핵심입니다.

결론을 확인했다면 이제 본문으로 들어가 왜 그런 결론을 내렸는지 'Why'에 집중해서 애널리스트의 뇌 구조를 파헤쳐야 합니다. 핵심은 투자 포인트와 리스크 요인 그리고 밸류에이션 근거, 이 세 가지를 찾아내는 겁니다. 투자 포인트는 애널리스트가 이 기업에 꽂힌 결정적 이유입니다. "이게 내가 생각한 투자 아이디어와 맞아떨어지나?"를 비교하세요. 반대로 리스크 요인은 애널리스트가 걱정하는 부분입니다. 그는 이 위험이 지나가는 소나기라고 보는지, 아니면 여전히 찜찜한 시한폭탄으로 남겨두고 있는지 행간을 읽어야 합니다. 마지막으로 목표주가를 산출한 계산식을 보십시오. 경쟁사들이랑 비교해서 적당히 매긴 건지(상대가치), 아니면 미래에 벌 돈을 당겨와서 깐깐하게 계산한 건지(절대가치) 확인합니다. 이 과정을 거쳐야 비로소 애널리스트의 진짜 속마음이 보입니다.

마지막으로 해야 할 가장 중요한 작업이 남아 있습니다. 바로 "그래서 나의 투자 아이디어는 무엇인가?"를 나만의 언어로 한 문장으로 정리하는 것입니다. 애널리스트의 말을 앵무새처럼 따라 하지 말고, 그의 논리를 내 것으로 소화해서 재창조해야 합니다.

"애널리스트가 목표주가를 올렸으니까 산다." 이건 투자가 아니라 맹신입니다. 주가가 빠지기라도 하면 공포에 질려 헐값에 팔게 되죠. 하지만 "이 기업은 AI 시장이 커지면서 서버 수요가 폭발할 거고, 경쟁사보다 기술력이 좋으니 시장을 다 먹을 거야. 그래서 나는 투자한다." 이것은 확신입니다. 이런 사람은 주가가 빠지면 "땡큐"를 외치며 더 담습니다.

증권사 리포트는 여러분 대신 생각해 주는 정답지가 아닙니다. 여러분이 올바른 판단을 내리도록 도와주는 가장 훌륭한 '참고서'이자 '나침반'일 뿐입니다. 부디 이 강력한 무기를 현명하게 사용하여, 남의 말이 아닌 오직 나만의 생각으로 완성된 단단한 투자 지도를 그려나가길 바랍니다.

DART 공시로
지뢰 피하기

우리가 즈식 투자를 할 때 목숨 걸고 믿고 의지해야 할 단 하나의 정보를 꼽는다면 무엇일까요? 매일 아침 쏟아지는 애널리스트의 리포트일까요, 아니면 경제신문 1면일까요? 이 정보들도 당연히 봐야 하지만 가장 확실한 것은 금융감독원이 운영하는 전자공시시스템, 즉 DART에 올라오는 기업의 공시입니다.

DART는 기업이 투자자에게 "우리는 지금 이런 상태입니다"라고 보여주는 공식적인 약속이자, 자기 치부를 드러내는 적나라한 건강검진표입니다. 그런데 주식을 한다면서 이 DART를 한 번도 열어보지 않았다면, 그것은 의사의 진단 차트는 쳐다보지도 않고 민간요법으로 암을 고치겠다고 덤비는 것만큼이나 어리석고 위험천만한 도박일 뿐입니다.

문제는 투자자 대부분이 이 공시를 외면한다는 겁니다. 용어가 어렵고 내용이 복잡하다는 핑계로 말이죠. 하지만 더 무서운 문제는 따로 있습니다. 바로 이 법적인 공식 문서조차 때로는 투자자를 속이는 교묘한 거짓말을 할 수 있다는 사실입니다.

과거 회계처리 기준 위반으로 시장을 충격에 빠뜨렸던 기업들을 떠올려 보세요. 그런 회계 지뢰를 밟는 순간, 여러분이 수년간 쌓아 올린 수익은 단 하루 만에 잿더미가 됩니다. 주식 시장 곳곳에는 이런 치명적인 함정이 도사리고 있습니다. 이 지뢰를 탐지하고 피해 가는 능력이야말로 자산을 지키는 최고의 생존 기술이기도 합니다.

"아니, 나라에서 관리하는 문서인데 어떻게 거짓말을 합니까?"라고 반문할 수 있습니다. 맞습니다. 요즘은 예전처럼 대놓고 없는 매출을 만드는 무식한 분식회계는 많이 사라졌습니다. 대신 기업들은 훨씬 더 세련되고 합법적인 척하는 기술로 투자자들을 현혹합니다.

마치 건강검진 전날에 술도 끊고 운동도 해서 일시적으로 수치를 좋게 만드는 사람처럼, 기업들도 회계 기준이라는 규칙 안에서 자신들의 재무 상태를 최대한 예쁘게 포장하려고 애씁니다. 특히 회사가 어렵거나 주가를 띄워야만 하는 절박한 기업일수록 이 유혹에 쉽게 빠지죠.

결국 우리가 알아야 할 진실은 하나입니다. DART의 숫자가 법적으로는 사실일지 몰라도, 그것이 기업의 경제적 실질을 100% 보여주지는 않는다는 겁니다. 그래서 숫자를 읽는 것을 넘어, 그 뒤에 숨은 의도를 파헤치는 탐정이 되어야 합니다.

좀 더 자세히 들여다봅시다. 공시에서 가장 먼저 봐야 할 것은 '이익과 현금의 괴리'입니다. 손익계산서에 찍힌 당기순이익은 분명 흑자인데, 현금흐름표의 '영업활동 현금흐름'은 계속해서 적자를 내고 있다? 이건 비상벨이 울리는 중인 겁니다. 장부상으로는 물건을 팔았다고 적어놨지만, 실제 통장에는 돈이 한 푼도 안 들어오고 있다는 뜻이죠. 전형적인 흑자 도산의 예고편입니다.

이와 연결해서 '매출채권과 재고자산의 급증'도 의심해야 합니다. 매출은 그냥 완만하게 늘고 있는데, 외상값인 '매출채권'과 창고에 쌓인 '재고자산'이 매출보다 훨씬 더 가파르게 폭증하고 있다면 십중팔구 꼼수입니다. 안 팔리는 물건을 대리점에 억지로 떠넘기는 밀어내기를 해서 장부상 매출만 뻥튀기했을 가능성이 매우 높으니까요.

경영진과 지배구조도 봐야 합니다. 뚜렷한 이유도 없이 최대주주가 밥 먹듯이 바뀌거나, 하는 일도 모호한 비상장 자회사들을 문어발처럼 거느린 기업은 무조건 피해야죠. 이런 곳은 정상적인 경영보다는 주가를 띄우기 위한 머니 게임에 연루되었거나, 복잡한 내부거래로 회사의 이익을 밖으로 빼돌리고 있을 위험이 큽니다.

한국 주식 시장에 상장된 종목만 2,700개가 넘습니다. 굳이 이렇게 찜찜하고 구린 냄새가 나는 기업에 여러분의 소중한 돈을 태울 필요가 있을까요? 고수들은 늘 강조합니다. "확신이 드는 종목에만 투자하라"라고 말이죠. 재무제표에서 단 하나의 의심이라도 든다면, 그것은 내가 이해하지 못하는 영역이고, 모르는 것에는 투자하지 않는 게 철칙입니다.

지금 당장 DART를 즐겨찾기에 추가하십시오. 그리고 최소한 분기보고서가 나올 때마다 내가 투자한 기업의 건강 상태를 이 세 가지 기준으로 검진하는 습관을 들이십시오. 이 지루한 과정이 그 어떤 화려한 매매 기법보다 중요합니다. 주식 투자에서 대박보다 백 배 더 중요한 건 치명타를 맞지 않는 것이기 때문입니다. 공시는 여러분의 자산을 지키는 최후의 보루입니다.

정보 조각을 엮어
투자 시나리오 만들기

"미국 금리 인하 기대감 고조", "삼성전자 HBM4 개발 본격화", "정부, 원전 생태계 지원 확대" 등 매일 아침 스마트폰을 켜면 수백 개의 경제 뉴스가 쏟아집니다. 대부분의 개인 투자자들은 이 뉴스들을 어떻게 받아들일까요? 그저 하늘에 둥둥 떠 있는 '개별적인 점'으로만 봅니다. "아, 금리 내린다니 주식에 좋겠네", "삼성전자가 일 좀 하나 보네", "원전주가 오늘 좀 뛰려나?" 이렇게 단편적인 정보 하나하나에 반응하며 일희일비합니다.

프로들은 절대 그렇게 행동하지 않습니다. 그들은 흩어진 점들을 이어서 남들은 보지 못하는 거대한 별자리를 그려냅니다. 낱개의 뉴스라는 점들을 연결해 앞뒤가 딱 맞아떨어지는 투자 시나리오라는 입체적인 그림으로 재창조하는 것이죠.

단순한 정보 소비자 위치에서 벗어나 정보를 엮어내는 편집자이자 스토리텔러가 되는 기술을 배워야 합니다. 이것이야말로 뒷북만 치는 추격

자 신세에서, 아무도 못 본 기회를 먼저 낚아채는 선도자로 바꿔줄 가장 강력한 지적 무기이기 때문입니다.

뉴스를 점으로만 보면 시장보다 한참 늦게 됩니다. "삼성전자, 실적 서프라이즈로 급등"이라는 뉴스를 보고 나서야 허겁지겁 매수 버튼을 누르면 이미 꼭지입니다. 결과가 나온 뒤의 뉴스는 기회가 아니라 상투의 신호탄일 뿐이니까요. 하지만 점들을 연결해서 선으로 만들면 우리는 미래를 예측하는 강력한 흐름을 읽어낼 수 있습니다.

대표적인 예시를 하나 들어볼까요?

점 ① 구글, MS 같은 미국 빅테크가 AI 데이터센터를 짓느라 돈을 쏟아붓기 시작했다.

점 ② 그러다 보니 전기를 어마어마하게 먹어서 전력난이 우려된다.

점 ③ 마침 미국 정부가 낡아빠진 전력망을 다 뜯어고치겠다고 대규모 예산을 풀었다.

자, 이 세 개의 점을 이으면 어떤 선이 나옵니까?

"결론: 앞으로 변압기를 만드는 HD현대일렉트릭이나 LS일렉트릭 같은 기업들의 실적은 그냥 좋은 게 아니라, 구조적으로 폭발할 수밖에 없겠구나."

각 뉴스는 평범해 보이지만 연결하는 순간 강력하고 설득력 있는 투자 가설이 탄생합니다. 여러분만의 시나리오를 짜는 훈련을 당장 오늘부터 시작해 보십시오.

먼저, 지금 시장을 움직이는 가장 거대한 핵심 동력을 찾으십시오. 그게 AI 혁명입니까, 아니면 밸류업입니까, 혹은 금리 인하입니까? 이야기의 중심축을 먼저 박아야 합니다. 그다음은 관련 뉴스들을 긁어모아 카테고리별로 묶는 겁니다. DART 공시, 증권사 리포트, 외신 기사들을 한 폴더에 쓸어 담고 퍼즐 조각 맞추듯 연관성을 찾아보십시오.

가장 중요한 최종 단계는 나만의 결론을 글로 써보는 겁니다. "만약 A라는 상황이 벌어지면, B 업종이 수혜를 입고, 결과적으로 대장주인 C 기업의 주가가 오를 것이다." 이렇게 구체적인 인과관계를 스스로 정립할 수 있어야 합니다.

정보가 부족해서 돈을 못 버는 시대는 끝났습니다. 이제는 홍수처럼 넘쳐나는 정보 쓰레기 더미 속에서 진짜와 가짜를 구별하고, 흩어진 파편들을 의미 있는 보물지도로 엮어내는 '편집과 해석' 능력이 부를 결정합니다.

매일 아침 쏟아지는 헤드라인에 휩쓸려 다니는 수동적인 소비자로 남지 마십시오. 뉴스의 조각들을 꿰어 나만의 투자 별자리를 그리는 능동적인 창조자가 되십시오. 그 치열하고 지적인 과정이 여러분을 온갖 소음 속에서도 절대 길을 잃지 않는 가장 현명한 투자자로 만들어줄 것입니다.

투자 커뮤니티,
집단지성과 소음 사이

지금 우리 개인 투자자들에게는 과거의 선배들이 꿈도 못 꾸던 강력한 무기가 있습니다. 바로 '온라인 주식 커뮤니티'입니다. 네이버 종목토론 실, 유튜브, 팍스넷, 카페, 온라인 주식모임 등 가상의 광장에는 수십만 명의 투자자들이 모여 밤낮없이 정보를 교환하고 치열하게 토론하며, 때로 서로의 상처를 위로합니다.

이곳은 분명 엄청난 기회의 땅입니다. 생각해 보십시오. 현직 의사가 밤새워 번역한 바이오 신약 논문 분석, 반도체 엔지니어가 몰래 알려주는 HBM 공정 수율의 비밀, 그리고 연차 내고 지방 공장까지 찾아가 탐방하고 온 열혈 주주의 생생한 후기까지. 제도권의 넥타이 맨 애널리스트 들은 절대 다루지 못하는 펄떡거리는 날것의 정보들이 넘칩니다. 전문가 와 비전문가의 경계가 허물어지고, 지식이 모여 폭발하는 집단지성의 위 력이죠.

하지만 빛이 강하면 그만큼 그림자도 짙은 법입니다. 커뮤니티는 진주만 모여 있는 곳이 아닙니다. 근거 없는 루머와 확증 편향이 전염병처럼 번지는 위험한 진흙탕이기도 합니다. 특정 종목을 추천하며 순진한 개미들을 지옥으로 유인하는 선동가, 자신의 손실을 만회하려고 가짜 뉴스를 퍼트리는 음모론자, 그리고 온갖 욕설로 게시판을 도배하는 악플러까지. 이곳은 진주와 쓰레기가 한데 뒤섞여 돌아가는 거대한 혼돈의 용광로입니다.

결국 온라인 커뮤니티라는 양날의 검을 어떻게 휘두르느냐에 따라 여러분의 투자 수준이 결정됩니다. 이 혼돈의 공간에서 집단지성의 힘이라는 보석만 쏙 뽑아 먹고, 소음과 감정이라는 쓰레기는 걸러내는 필터링 기술은 없을까요? 이 기술만 있다면 커뮤니티는 더 이상 시간 낭비가 아니라 여러분의 투자 아이디어를 풍성하게 살찌우는 최고의 보조 무기가 될 테니까요.

본격적인 기술에 앞서, 도대체 왜 커뮤니티의 선동에 그토록 쉽게 휩쓸리는지 우리 마음속의 허점부터 들여다봅시다.

일단 익명의 전문가에 대한 헛된 환상 때문입니다. "현직자입니다", "내부 관계자한테 들었는데요"라는 그럴듯한 한 줄에 너무 쉽게 무장 해제되고 권위를 부여합니다. 얼굴도 이름도 모르는 그가 던지는 말을 비판 없이 덥석 받아먹죠.

다음으로 무서운 것은 확증 편향입니다. 사람은 자기가 듣고 싶은 말만 듣고, 믿고 싶은 것만 믿습니다. 내 종목을 칭찬하는 글만 골라 읽으며 "그래, 역시 내 판단이 맞아"라고 자위하고, 뼈 때리는 반대 의견은 "뭘 모르는 소리"라며 무시해 버립니다.

이 함정들을 피해 커뮤니티를 똑똑하게 써먹는 스마트 개미의 행동 원칙은 무엇일까요? 가장 먼저 지켜야 할 철칙은 투자 결론을 내린 후에만 접속하라는 겁니다. 제발 커뮤니티에서 종목을 쇼핑하려 하지 마십시오. 반드시 DART 공시를 보고 리포트를 읽어서 "나는 이런 논리로 이 종목에 투자하겠어"라는 잠정 결론을 먼저 내려야 합니다. 커뮤니티는 내 결론이 닿는지 검증하고 부족한 퍼즐 조각을 맞추는 참고서일 뿐 정답지가 아닙니다.

그다음은 오직 팩트와 데이터가 있는 글만 편식하십시오. "이거 무조건 갑니다", "세력 형님들 매집 끝났어요" 같은 감정적이고 선동적인 글은 1초도 낭비하지 말고 건너뛰세요. 우리가 주워 담아야 할 것은 구체적인 논문 링크, 경쟁사 제품 비교표, 실제 공장 가동률 수치처럼 검증할 수 있는 사실에 기반한 글들뿐입니다.

온라인 커뮤니티는 잘 쓰면 명약이고 잘못 쓰면 맹독이 되는 강력한 도구입니다. 부디 이 가상의 광장에서 주인이 되십시오. 익명의 군중 속에 숨어 감정과 소음에 휩쓸려 다니는 그림자가 아니라, 수많은 정보 속에서 차가운 이성으로 옥석을 가려내고, 집단지성을 지렛대 삼아 투자의 지평을 넓히는 독립적인 투자자가 되길 바랍니다.

블룸버그와 외신을 통해
외국인 시각으로 무장하기

한국 증시의 진짜 세력은 바로 외국인입니다. 이들은 단순히 박수나 치러 온 관객이 아닙니다. KOSPI 시가총액의 40% 이상을 거머쥐고, 때로는 무대 위의 줄거리를 맘대로 바꾸다가 주인공마저 교체해 버리는 막강한 힘을 가진 연출가입니다.

앞에서 우리는 국내 뉴스나 DART 공시, 애널리스트 리포트 같은 무대 위 대본을 읽는 법을 열심히 배웠습니다. 하지만 코스피 5,000 시대를 지배하는 진짜 고수가 되려면 거기서 한발 더 나아가 연출가의 머릿속을 훔쳐볼 줄 알아야 합니다. "저들은 지금 이 판을 어떻게 보고 있는가?", "다음 장면에서 누구를 띄워줄 생각인가?"를 말이죠.

안타깝게도 대부분의 개인 투자자들은 이 중요한 목소리를 직접 들으려 하지 않습니다. 영어라는 장벽과 정보 찾기 어렵다는 핑계 뒤에 숨어서 국내 언론이 입맛대로 번역하고 가공한 2차 정보에만 의존하죠. 하지만 이제 시대가 바뀌었습니다.

우리 손엔 번역기라는 강력한 무기와 인터넷이라는 열린 창이 있습니다. 블룸버그, 로이터, 월스트리트저널 같은 그들의 언어로 된 정보를 직접 마주할 수 있다는 뜻입니다. 이 해외 정보라는 비밀의 문을 열고, 국내 뉴스에서는 절대 볼 수 없었던 K-증시의 진짜 민낯을 마주해야 합니다.

국내 언론에서는 기업 밸류업 프로그램이 "증시 부양의 희망"이라며 팡파르를 울립니다. 하지만 블룸버그 원문을 읽어보면 분위기가 사뭇 다릅니다. "한국 정부의 개혁은 과거에도 용두사미로 끝났다"라며 실행 가능성에 차가운 물음표를 던집니다. 또 우리 뉴스가 "삼성전자 세계 최초 신기술 개발"이라며 흥분할 때, 월스트리트저널은 "TSMC와의 경쟁 구도 속에서 아직 해결되지 않은 수율 문제가 발목을 잡고 있다"라며 냉정하게 꼬집습니다. 리스크를 보는 눈도 다릅니다. 우리는 북한 미사일에 민감하지만, 그들은 오히려 '중국과의 좁혀지는 기술 격차'를 더 치명적인 악재로 평가하기도 합니다.

같은 팩트를 두고도 이렇게 해석이 다릅니다. 국내 정보만 편식하는 건, 거대한 전쟁터의 절반만 보고 작전을 짜는 것과 똑같은 위험한 도박입니다.

이런 뉴스를 제대로 보는 방법을 알아봅시다. 먼저, 구글 검색창을 활용해 글로벌 투자은행(IB)들의 생각을 엿보는 습관을 들이십시오. "Goldman Sachs on Samsung Electronics" 혹은 "Morgan Stanley on Korean market"이라고만 입력해도 됩니다. 그들이 우리 기업을 어떻게 요리하고 있는지 제목만 봐도 감이 올 겁니다. 리포트 전문을 못 구해도 상관없습니다. 헤드라인과 요약 기사만으로도 그들의 핵심 논리는 충분히 훔칠 수 있으니까요.

또한, 글로벌 경제 매체를 즐겨찾기 해두고 '키워드 알림'을 걸어두십시오. 블룸버그나 로이터 같은 사이트에서 'Korea', 'Samsung', 'Hynix' 같은 단어를 등록해 두면 K-증시에 대한 바깥세상의 시선을 실시간으로 받아볼 수 있습니다.

그리고 제발 번역기 돌리는 걸 부끄러워하지 말고 원문을 뚫어지게 쳐다보십시오. 번역이 좀 어색하면 어떻습니까? 핵심 단어와 문맥을 통해 그들이 지금 무엇을 칭찬하고 무엇을 우려하는지, 그 숨은 의도를 파악하려는 노력 자체가 여러분의 분석력을 비약적으로 끌어올릴 겁니다.

정보 싸움은 결국 관점 싸움입니다. 외국인의 입김이 절대적인 지금 내수용 정보라는 우물 안에 갇혀 있는 건 한쪽 눈을 가리고 싸우는 격입니다. 지금 당장 여러분의 정보 수집 채널에 이 글로벌 창구들을 추가하십시오. 영어의 장벽을 넘어 그들의 차가운 시선으로 우리 시장을 바라보는 순간, 여러분은 이전에는 상상조차 못 했던 거대한 기회의 지평선을 발견하게 될 것입니다.

코스피 5천 시대를 이끈 종목
두산에너빌리티

2025년은 인공지능(AI)이라는 거대한 지능이 인류의 삶 속으로 깊숙이
파고든 해입니다. 세상을 움직이는 가장 강력한 연료는 데이터가 아니
라 바로 전기라는 사실을 다시금 깨닫게 되었죠. 그 결과 밤낮없이 돌아

가는 거대 데이터센터들이 뿜어내는 열기 속에서, 그 갈증을 채워줄 수 있는 가장 현실적이고 강력한 대안으로 원자력 발전이 다시 무대의 주인공으로 등판했습니다. 이 화려한 부활의 서사 중심에는 대한민국 원전 생태계의 심장이라 불리는 두산에너빌리티가 자리하고 있습니다.

2025년 1월, 약 1만 8,000원 선에서 조용히 숨을 고르던 두산에너빌리티의 주가는 2026년 1월에 이르러 9만 원 후반대라는 경이로운 숫자를 기록하며, 불과 1년여 만에 약 400%라는 압도적인 수직 상승을 일궈냈습니다. 이는 단순히 업황이 좋아서 얻은 결과가 아니라, 전 세계가 직면한 전력난의 해답을 두산이 쥐고 있다는 투자자들의 확신이 숫자로 증명되는 과정이었습니다.

이 장대한 상승 랠리의 서막은 체코 원전 수주라는 국가적 쾌거에서 시작되었습니다. 약 14조 원 규모의 수주 시대가 열리며, 두산에너빌리티는 주기기 제작과 터빈 공급 등에서만 약 5조 원 이상의 확정적인 일감을 확보했습니다. "탈원전의 그늘을 완전히 벗어났다"라는 선언과도 같았던 이 수주 소식은 두산의 곳간을 가득 채웠고, 시장은 이 기업의 펀더멘털이 완전히 바뀌었음을 알렸습니다.

그리고 소형원자로(SMR) 사업이 진행되고 있습니다. 아마존(AWS)이 참여한 투자 라운드를 통해 SMR 개발 기업에 약 7억 달러 규모의 자금이 유치되었고, 뉴스케일파워(NuScale)와 엑스에너지(X-energy) 등 글로벌 SMR 개발 기업들도 두산의 창원 공장을 찾아 협력 가능성을 논의하며 분위기는 완전히 반전되었습니다. 두산에너빌리티는 이제 단순한 건설사를 넘어, 전 세계 SMR 핵심 기자재 공급망에서 중요한 생산 거점으로 자리매김하고 있습니다.

특히 2025년 하반기, 미국 내 전력 부족 사태가 심화되면서 테크 기업들이 자사 데이터센터 옆에 원전을 직접 짓겠다는 계획을 발표할 때마다 두산의 주가는 거침없이 계단을 올랐습니다.

우리는 지난 1년여를 통해, 기술의 진정성과 시대의 요구가 만났을 때 어떤 기적이 일어나는지 목격했습니다. 2026년의 문턱에서 두산에너빌리티는 이제 전통적인 중공업 회사의 껍질을 완전히 벗어던지고, AI 시대를 지탱하는 거대하고 깨끗한 에너지 플랫폼으로 재정의되고 있습니다. 이 뜨거운 에너지가 2026년 하반기로 예정된 추가 대형 원전 수주와 SMR 실전 배치라는 소식과 맞물려 또 어떤 역사적 기록을 써 내려갈지, 전 세계의 이목이 다시 한번 창원을 향하고 있습니다.

실전 매매의 기술로 대응하라

신고가 종목, 달리는 말에 언제 올라타야 안전할까?

주식 시장에서 가장 빠르고, 가장 거친 힘이 넘쳐흐르는 종목을 뭐라고 부를까요? 바로 '신고가 종목'입니다. 과거의 첩첩산중 같던 매물대를 전부 뚫어버리고, 역사상 아무도 가보지 않은 미지의 영역을 향해 질주하는 괴물 같은 종목들이죠.

이 엄청난 에너지의 추세에 올라타는 것만큼 짜릿하고 빠르게 계좌를 불리는 방법도 없습니다. "달리는 말에 올라타라"라는 격언은 바로 이 모멘텀 투자의 정수를 담고 있는 말입니다.

하지만 현실은 어떤가요? 큰맘 먹고 용기를 내어 그 달리는 말에 올라탔는데 하필 거기가 절벽 끝, 즉 상투여서 그대로 추락하는 악몽을 꾸기도 합니다. 바로 이것이 신고가 매매가 초보자에게는 계좌를 녹이는 맹독이지만, 고수에게는 부를 거머쥐는 가장 강력한 무기가 되는 이유입니다. 배짱이 아니라 진입 시점이라는 정교한 기술의 차이입니다. 아마추어는 말의 꼬리를 잡고 위태롭게 매달리며 추격 매수를 하지만, 프로는 말이 잠시 숨을 고르는 가장 안정적인 지점을 노립니다. 지금부터 우리는 무모한 추격 매수가 아니라, 리스크를 최소화하며 이 거대한 신고가 랠리에 동참하는 정교한 '눌림목 공략법'을 배울 겁니다.

"이미 저렇게 많이 올랐는데, 너무 위험한 거 아닙니까?"

이렇게 질문할 수 있습니다. 신고가 종목을 볼 때 우리 뇌가 느끼는 지극히 당연한 공포입니다. 역설적이지만 신고가는 그 어떤 자리보다 안전한 매수 신호일 수도 있습니다.

이유는 간단합니다. 주가 위에 더 이상 본전 생각에 사로잡힌 악성 매물대, 즉 저항선이 존재하지 않기 때문입니다. 일반적으로 주가가 오르다 보면 과거 고점에서 물린 투자자들이 "드디어 본전 왔다!" 하며 매물을 쏟아냅니다. 이게 주가를 짓누르죠. 신고가를 돌파했다는 건 뭡니까? 이 모든 원한 서린 매물을 다 씹어 먹고도 남을 만큼 강력한 매수세가 들어왔다는 뜻입니다.

이제 이 종목을 들고 있는 주주들은 전부 수익권입니다. 다들 기분이 좋으니 작은 흔들림에는 굳이 팔 이유가 없죠. 파는 사람이 없으니 주가는 더 가볍게 날아갑니다. 신고가는 단순한 가격 갱신이 아니라, 그 종목에 대한 시장의 의심이 확신으로 바뀌었음을 알리는 강력한 선언인 셈입니다.

자, 이제 신고가가 좋다는 건 알았습니다. 그럼 도대체 언제 사야 할까요? 정답은 "처음 뚫을 때 흥분해서 쫓아가지 말고, 뚫고 나서 잠시 쉬어갈 때 올라타라"입니다. 이것이 바로 돌파 후 첫 눌림목 공략의 핵심입니다.

역사적인 고점을 강력하게 뚫은 뒤에는 단기 차익을 실현하려는 매물 때문에 주가가 반드시 잠시 조정받는, 즉 숨을 고르는 눌림목 구간이 나옵니다. 우리가 노려야 할 타깃은 바로 여기입니다.

가장 먼저 확인해야 할 것은 '돌파의 질'입니다. 역사적 고점을 뚫을 때 대량 거래량이 터지면서 장대양봉으로 시원하게 뚫었다면 가짜가 아니라는 신뢰의 증거입니다.

그다음이 중요합니다. 돌파 이후 주가가 살짝 내려오는데, 이때 거래량이 급감해야 합니다. 이게 무슨 뜻일까요? 주포(세력)가 도망간 게 아니라, 단기 개미들의 차익 실현 물량만 소화하고 있는 건강한 조정이라는 뜻입니다.

마지막으로 방아쇠를 당길 시점입니다. 주가가 5일 이동평균선이나 20일 이동평균선 근처에서 더 이상 빠지지 않고 딱 멈추는 걸 확인한 뒤, 다시 거래량이 늘며 고개를 드는 첫 양봉이 나올 때. 바로 그때가 가장 안전하고 강력한 매수 타점입니다.

물론, 이 전략에도 생명줄은 필요합니다. 바로 손절매입니다. 만약 진입했는데 주가가 다시 튀어 오르지 못하고, 이전의 신고가 돌파 지점이나 지지선이었던 20일선을 맥없이 깨고 내려간다? 그건 이번 돌파가 실패했다는 신호입니다. 그때는 뒤도 돌아보지 말고 미련 없이 손절하고 다음 버스를 기다려야 합니다.

여러분, "달리는 말에 올라타라"라는 말은 눈 감고 뛰어내리라는 무모한 도박의 언어가 아닙니다. 가장 힘이 센 주도주를 고르고, 그 말이 가장 안정적인 속도로 숨을 고르는 찰나의 순간을 포착해서, 만일의 사태에 대비한 낙하산(손절매)까지 메고 진입하라는 지극히 계산적이고 차가운 기술의 언어입니다.

눌림목 매수는
안전지대의 정석이다

주식 투자를 한 편의 전쟁이라고 상상해 봅시다. 모든 전투에서 승패를 가르는 가장 중요한 지점은 어디일까요? 바로 적의 힘이 가장 약해져서 숨을 고르는 순간입니다. 나의 공격이 가장 치명적으로 들어갈 수 있는 급소이기도 하죠. 주식 시장에서 바로 이 급소에 해당하는 가장 손익비가 뛰어난 기가 막힌 매수 타이밍이 있으니, 그게 바로 눌림목입니다.

대부분의 개인 투자자들은 언제 매수 버튼을 누릅니까? 주가가 빨간 장대양봉을 그리며 하늘로 솟구칠 때 흥분해서 추격 매수를 합니다. 이건 마치 적이 사기가 충천해서 전력으로 돌격해 오는데, 겁도 없이 맨몸으로 정면 승부하겠다고 달려드는 것과 똑같은 자살 행위입니다.

하지만 프로들의 싸움법은 다릅니다. 그들은 적이 전력 질주한 뒤 지쳐서 숨을 헐떡이며 잠시 멈추는 그 순간, 즉 상승하던 주가가 단기 조정을 받으며 잠시 쉬어가는 안전지대를 스나이퍼처럼 끈기 있게 기다립니다. 그리고 바로 그곳에서 최소한의 리스크로 가장 확실한 치명타를 날립니다.

지금부터 이 눌림목이라는 이름의 급소를 족집게처럼 찾아내는 법을 배워봅시다. 단순히 "떨어지면 주워 담아라" 같은 막연한 조언이 아닙니다. 이게 건강한 조정인지 아니면 끝없는 추락의 시작인지를 구별하고, 가장 확률 높은 반등 지점을 포착하는 정교한 패턴 인식 기술입니다. 이 기술 하나단 내 것으로 만들어도, 여러분의 매매는 더 이상 불안에 떠는 추격이 아니라, 여유롭게 방아쇠를 당기는 저격으로 바뀌게 될 것입니다.

왜 눌림목이 최고의 타이밍일까요? 주가는 로켓처럼 수직으로만 오르지 않기 재문입니다. 건강한 상승 추세는 마치 사람이 걷는 것처럼 '상승했다가 쉬고, 다시 힘을 내어 걷는' N 자형 파동을 탑니다. 눌림목은 바로 이 조정 구간의 끝자락, 즉 다시 걷기 직전의 발목입니다.

여기가 매수 급소인 이유는 간단합니다. 무엇보다 손익비가 끝내주기 때문입니다. 이미 고점보다 싸게 사니까 먹을 폭은 크고, 잃을 폭은 작습니다. 손절 라인이 너무나 명확합니다. 20일 이동평균선 같은 지지선을 등지고 싸우기 때문에, 그 선이 깨지면 미련 없이 털고 나오면 그만입니다. 무엇보다 심리적인 평온함을 얻을 수 있습니다. 꼭대기에서 산 사람은 1%만 빠져도 벌벌 떨지만, 바닥에서 산 사람은 흔들리는 파도를 즐길 수 있으니까요.

이때 조심할 것이 있습니다. 모든 하락이 기회는 아니라는 겁니다. 어떤 놈은 쉬었다 가는 척하다가 그대로 지하실까지 파고 들어가니까요. 진짜와 가짜를 구별하려면 세 가지 필터를 거쳐야 합니다.

가장 먼저 '추세가 살아 있는지'를 봐야 합니다. 이게 대전제입니다. 생명선인 20일선이 여전히 고개를 쳐들고 우상향 중이어야 합니다. 이미 꺾여서 내려가는 놈이 잠깐 튀어 오르는 건 눌림목이 아니라 '데드 캣 바운스', 즉 시체가 튀어 오르는 겁니다. 절대 속지 마십시오.

그다음은 '거래량의 급감'입니다. 조정 구간에서는 거래량이 눈에 띄게 말라야 합니다. 이게 무슨 뜻일까요? 주포(세력)가 돈을 빼서 도망간 게 아니라, 단기 차익 실현 매물만 소화되고 있다는 아주 건강한 증거입니다.

또 하나는 '지지선'의 확인입니다. 주가가 마냥 흐르는 게 아니라, 20일선이든 이전의 저항선이든 의미 있는 자리에서 딱 멈춰 서는 모습을 보여줘야 합니다.

진짜배기 건강한 눌림목을 찾았다면 언제 방아쇠를 당겨야 할까요? 성급하게 들어가지 말고, 하락이 멈추고 상승으로 방향을 트는 확인 사살의 신호를 기다리십시오.

지지선 근처에서 밑꼬리를 길게 단 양봉이나, 더 이상의 하락을 거부하는 단봉 도지 캔들이 뜨는 순간이 바로 1차 신호입니다. 매도세가 지쳐 나가떨어지고 매수세가 들어오기 시작했다는 뜻이죠. 그다음에 줄어들었던 거래량이 다시 늘어나면서 고개를 드는 첫 번째 양봉이 뜨거나, 주가가 단기 추세선인 5일선을 힘차게 뚫고 올라가는 순간이 바로 우리가 기다리던 결정적 타점입니다.

주식 시장에서 큰 수익은 추격 매수의 붉은 흥분 속에 있지 않습니다. 오히려 모두가 떠들썩할 때 한발 물러서서 기다리는, 그 차갑고 지루한 인내 속에 숨어 있습니다. 남들이 환호할 때 같이 뛰어들지 마십시오. 대신 그들이 지쳐서 잠시 쉴 때를 노려 조용하고 은밀하게 급소를 찌르십시오. 이것이야말로 변동성이라는 거친 파도 위에서 여러분을 꾸준한 승리로 이끌 눌림목 매수의 영원불변한 정석입니다.

프로들이 '20일 이평선' 위에서만
매매하는 이유

운전석에 딱 앉으면 가장 먼저 시선이 어디로 갑니까? 바로 계기판입니다. 기름은 남았는지, 엔진 온도는 괜찮은지. 계기판의 숫자들은 내 차가 지금 굴러갈 수 있는지 없는지를 알려주는 가장 중요한 생존 정보니까요. 주식 시장의 복잡한 HTS 차트 속에도 이 계기판과 같은 역할을 하는 단 하나의 선이 숨어 있습니다. 온갖 현란한 보조지표 다 치우고, 진짜 고수들이 자기 목숨처럼 여기는 절대적인 기준선. 바로 20일 이동평균선(이평선)입니다.

"에이, 이동평균선이요? 그거 그냥 20일 치 주가 평균 낸 거 아닙니까? 너무 기초적인 거 아닌가요?"

네, 맞습니다. 그런데 너무 기초라서 오히려 투자자 대부분이 그 속에 담긴 무시무시하고도 강력한 의미를 간과해 버립니다. 고수들이 왜 "아무리 싸게 보여도, 생명선인 20일선 아래에서는 절대 사지 마라"라며 서슬 퍼렇게 경고할까요?

이유는 간단합니다. 이 선은 단순한 평균값이 아닙니다. 주가의 생사를 가르는 '생명선'이자 상승과 하락의 추세를 나누는 거대한 분수령이며, 수만 투자자들의 탐욕과 공포가 엉켜 있는 '전장의 최전선'이기 때문입니다. 이 생명선의 의미를 이해하는 순간, 여러분은 더 이상 감으로 찍는 초보가 아니라 명확한 기준을 가진 프로 투자자로 거듭날 것입니다.

먼저 20일이라는 숫자의 비밀부터 풀어봅시다. 주식 시장은 주말과 공휴일을 빼면 한 달에 딱 20일 정도 열립니다. 즉, 20일 이동평균선은 지난 한 달 동안 한 주식을 사고판 모든 사람의 평균 매수 단가를 뜻합니다. 이게 왜 중요할까요? 이건 수학이 아니라 지독한 심리 싸움의 기준점이기 때문입니다.

주가가 20일선 위에 있다고 상상해 보십시오. 지난 한 달간 산 사람들은 대부분 빨간불, 수익 구간입니다. 마음의 여유가 넘치죠. 조금 빠져도 안 팝니다. 오히려 20일선 근처까지 내려오면 "어이쿠, 싸게 살 기회네"라며 추가 매수를 합니다. 그래서 20일선이 주가를 받쳐주는 강력한 지지선이 되는 겁니다.

반대로 주가가 20일선 아래에 처박혀 있다면 어떨까요? 대부분 파란불, 손실 구간입니다. 다들 "제발 본전만 와라" 하면서 이를 갈고 있습니다. 주가가 조금 반등해서 본전 근처인 20일선에 닿기만 하면, 손실을 만회하려는 악성 매물이 쏟아져 나옵니다. 이 엄청난 압력이 20일선을 뚫기 힘든 거대한 저항선으로 만들어 버리는 것이죠. 결국 20일선은 수익의 환희와 손실의 고통이 첨예하게 맞부딪치는 전선입니다.

이 원리를 뼈저리게 아는 프로 투자자들은 아주 단순하고도 무서운 철칙 하나를 세웁니다. "싸움은 반드시 아군이 유리한 고지, 즉 생명선 위에서만 한다."

그들은 결코 20일선 아래, 즉 패색이 짙은 적진 한복판에서 불리한 싸움을 걸지 않습니다. 20일선이 깨졌다는 건 추세가 하락으로 꺾였다는 사형 선고와 다름없으니, 거기서 사는 건 떨어지는 칼날을 맨손으로 잡는 자살 행위나 마찬가지니까요. 반대로 주가가 20일선 위에서 살짝 조정을 받는 눌림목은, 가장 적은 위험으로 상승 추세에 올라탈 수 있는 황금 같은 기회가 됩니다.

개인 투자자는 솔직히 HTS의 복잡한 지표들을 다 몰라도 됩니다. 하지만 이 단 하나의 선, 20일 이동평균선만큼은 여러분 투자 원칙의 척추로 삼아야 합니다. 항상 이 선을 기준으로 내가 지금 유리한 고지에 있는지, 불리한 적진에 갇혀 있는지를 판단하는 습관을 들이십시오.

"생명선 위에서만 매수하고, 생명선이 무너지면 일단 후퇴한다."

이 단순하고 강력한 원칙 하나만 여러분의 것으로 만드십시오. 그것만으로도 수많은 치명적인 함정들을 피해 가며 끝까지 살아남을 수 있을 것입니다.

현재가 창과 거래량으로
수급의 힘을 읽는다

지금까지 우리는 차트라는 지도를 펼치고, 이동평균선이니 지지선이니 하는 과거의 데이터를 복기하며 미래를 점치는 법을 배웠습니다. 거시적인 그림을 그리는 전략가 흉내를 낸 셈이죠. 하지만 진짜 전쟁은 고상하게 지도 위에서 벌어지지 않습니다. 이 순간에도 포탄이 빗발치고 총알이 스치는, 피 튀기는 최전선의 참호 속에서 벌어집니다. 주식 시장에서 그 생생한 최전선에 해당하는 곳이 어디일까요? 바로 여러분의 HTS에서 실시간으로 숫자가 춤을 추는 현재가 창입니다.

투자자 대부분에게 이 창은 그저 "지금 삼성전자가 얼마네" 하고 가격이나 확인하는 단순한 전광판일 뿐입니다. 하지만 고수들은 "호가창을 뚫어져라 보고 있으면 매매하는 사람들의 기운이 느껴지고, 심지어 지금 누가 사고 있는지까지 보인다"라고 말합니다. 무슨 무협지 같은 소리냐고요? 천만의 말씀입니다.

현재가 창은 단순히 가격표가 아닙니다. 그것은 '사려는 자'와 '팔려는 자'가 얼마의 가격에 얼마나 많은 군사를 매복시켜 놓고, 치열하게 밀고 당기는지 적나라하게 보여주는 살아 있는 전쟁터입니다.

지금부터 이 전쟁터로 들어가 겉으로 드러난 숫자 뒤에 숨겨진 병력의 이동, 즉 수급의 힘과 의도를 읽어내는 첩보원이 되어봅시다. 이 기술을 장착하는 순간, 여러분은 더 이상 한 박자 늦은 차트의 신호에만 의존하는 게 아니라, 시장의 미세한 맥박 변화를 누구보다 먼저 감지하는 예리한 감각을 갖게 될 것입니다.

먼저 전쟁터의 지형부터 훑어볼까요? 호가창은 크게 셋으로 나뉩니다. 실제로 거래가 성사된 성적표인 체결창, 팔고 싶어 안달 난 물량이 쌓인 파란색 매도호가, 그리고 사고 싶어서 입 벌린 빨간색 매수호가입니다.

많은 초보자가 여기서 첫 번째 착각을 합니다. 아래쪽 빨간 매수호가 잔량이 위쪽 파란 매도호가 잔량보다 많으면 "와, 사려는 사람이 이렇게 많으니까 주가가 오르겠구나"라고 생각하는 것이죠. 현실은 정반대인 경우가 훨씬 많습니다. 도대체 왜일까요?

진정한 고수는 눈앞에 보이는 잔량이라는 숫자에 속지 않습니다. 그 숫자를 만든 세력의 의도를 읽기 때문입니다. 상상해 보세요. 아래쪽 매수호가에 수만, 수십만 주의 거대한 벽이 있습니다. 이게 과연 주가를 떠받치려는 든든한 지원군일까요?

오히려 개인 투자자들에게 "야, 이렇게 받치고 있으니까 절대 안 떨어져. 안심하고 들어와"라는 심리적 안도감을 심어준 뒤 정작 자신들은 위에서 몰래 물량을 털어 넘기기 위한 미끼, 즉 허매수일 가능성이 높습니다. 세력이 진짜 가격을 올리고 싶다면 굳이 아래에 벽을 쌓을 이유가 없습니다. 그냥 위쪽에 있는 매도 물량을 우적우적 잡아먹으며 진격해야 하니까요.

또한, 세력은 아주 교활해서 자신의 본심을 쉽게 들키려 하지 않습니다. 티 나게 대량으로 주문을 넣는 대신 100주, 200주, 500주 식으로 잘게 쪼개서 물량을 모아갑니다. 체결창에 이런 자잘한 매수 체결이 기관총 쏘듯 끊임없이 타다닥 찍힌다면? 그건 누군가 조용히 물량을 쓸어 담고 있다는 명백한 신호입니다. 반대로 주가가 툭 떨어지려고 할 때마다 누군가 귀신같이 나타나 물량을 딱 받쳐준다면, 그건 세력이 차트를 망가뜨리지 않으려고 주가 관리에 들어갔다는 증거죠.

결국 가장 중요한 것은 체결 강도의 기세입니다. 매수벽을 깨부수며 던지는 시장가 매도 폭탄이 많이 떨어지는지, 아니면 굳건한 매도벽을 뚫고 올라가는 시장가 매수의 창끝이 더 날카로운지를 봐야 합니다. 체결창의 색깔이 파란색에서 빨간색으로 도배되며 압도하기 시작하는 그 찰나의 순간, 바로 거기가 힘의 균형이 무너지고 시세가 폭발하는 변곡점입니다.

현재가 창을 읽는 능력은 책 몇 권 읽는다고 하루아침에 생기지 않습니다. 마치 스포츠 경기를 관전하듯이, 혹은 낚시꾼이 찌를 응시하듯이 관심 종목의 호가창을 뚫어져라 쳐다보는 훈련이 필요합니다.

지금부터 눈에 보이는 숫자에 현혹되지 마십시오. 그 너머에서 벌어지는 치열한 수 싸움을 읽어내고, 매수세가 매도세를 제압하는 그 결정적인 기운을 포착하는 연습을 반복하십시오. 그 고된 훈련이 쌓일 때, 여러분의 매매 타이밍은 감히 남들이 흉내 낼 수 없을 만큼 정교하고 날카로워질 것입니다.

분할매수로
심리적 우위를 점한다

주식 투자의 성패가 오직 '어떤 종목을 고르는가'에만 달려 있을까요? 천만의 말씀입니다. 코스피 5,000 시대의 진정한 승자가 되려면 좋은 종목을 고르는 안목만큼이나 그 종목을 어떤 방식으로 사들이는가에 대한 정교한 전략이 필요합니다.

개인 투자자 대부분은 확신하는 순간, 마치 일생일대의 기회라도 잡은 듯 모든 투자금을 단 한 번의 격발로 소진해 버립니다. 이른바 '몰빵 매수'죠. 투자가 아니라 도박입니다. 시장의 작은 변동성에도 산산조각 나는 가장 어리석은 전술이기도 합니다.

반면, 모든 고수는 전쟁에 임하는 유능한 장수처럼 행동합니다. 그들은 결코 전 병력을 한 번에 투입하지 않습니다. 정찰병을 먼저 보내고, 적의 허점이 드러났을 때 주력 부대를 투입하며, 승기를 잡았을 때 예비대까지 밀어 넣어 승부에 쐐기를 박습니다. 바로 이것이 오늘 우리가 배울, 투자의 안전핀이자 승률 증폭기인 분할매수의 기술입니다.

이 기술은 단순히 평균 매수 단가를 낮추는 수학적 기법이 아닙니다. 이것은 불확실성이라는 거대한 적 앞에서 심리적 우위를 점하고, 언제나 냉정함을 유지하며, 최악의 상황에서도 살아남아 결국 승리하게 만드는 최고의 전쟁 철학입니다.

"나는 이 종목의 바닥을 정확히 알고 있다."
"지금이 바로 폭등 직전의 마지막 매수 기회다."

몰빵 매수는 왜 실패할까요? 몰빵 매수의 기저에는 이처럼 미래를 완벽하게 예측할 수 있다는 오만이 깔려 있습니다. 앞서 누누이 강조했듯, 시장은 결코 우리의 예측대로만 움직이지 않습니다. "바닥인 줄 알았는데, 지하실이 있었다"라는 말은 몰빵 매수에 대한 뼈아픈 경고입니다.

전 재산을 걸고 몰빵 매수를 했을 때 어떤 심리적 재앙이 벌어지는지 상상해 보십시오. 결국 몰빵 매수는 어떤 경우든 당신을 불안과 후회라는 감정의 노예로 만들어, 합리적인 판단을 불가능하게 만듭니다.

분할매수는 미래를 예측하려는 오만한 시도를 포기하고, 어떤 상황이 펼쳐지든 유연하게 대응하겠다는 겸손하고 현명한 자세에서 출발합니다. 내가 사려는 총금액(예: 1,000만 원)을 3~4회로 나누어 정해진 시나리오에 따라 진입하는 것입니다. 분할매수는 어떤 경우에도 당신이 시장의 주도권을 잃지 않고, 다음 수를 둘 수 있는 선택권을 항상 남기는 최고의 심리 관리 기술입니다.

주식 시장에서 돈을 버는 것은 쉬운 일이 아닙니다. 늘 상승장만 이어지는 것도 아닙니다. 부디 한 방의 유혹을 버리고 나누는 지혜를 배우십시오. 분할매수는 단순히 손실을 줄이는 소극적인 방어 기술이 아닙니다. 그것은 불확실성 속에서 평정심을 유지하고, 시장의 변동성을 나의 편으로 만들며, 결국 꾸준한 승리를 쌓아가는 가장 현명하고 공격적인 투자 철학입니다.

코스피 5천 시대를 이끈 종목
KB금융

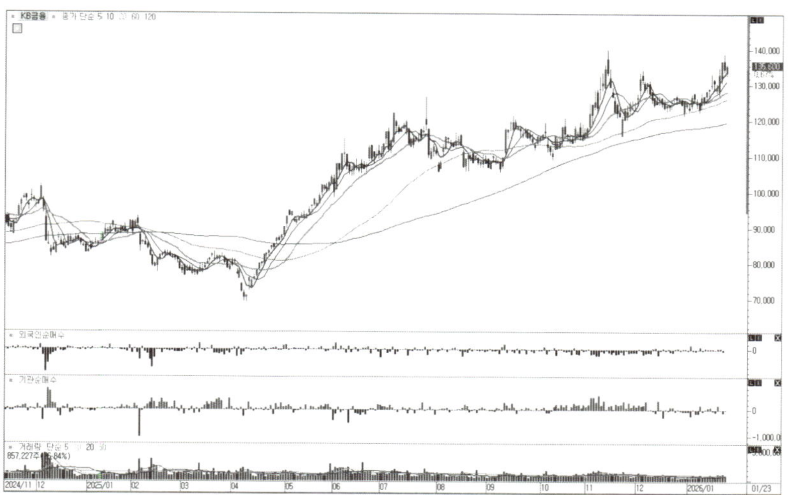

오랫동안 저평가의 늪에 갇혀 있던 대한민국 금융주가 어떻게 증시의
화려한 주인공으로 거듭날 수 있었는지, 그 경이로운 반전의 중심에는
언제나 KB금융이 자리하고 있었습니다. 2025년 '코리아 디스카운트'라

는 무거운 꼬리표를 떼어내기 위해 조용히 발걸음을 뗐던 KB금융은, 1년여가 지난 2026년 마침내 100%라는 기록적인 상승률을 기록했습니다. 이 숫자는 단순히 주가의 오름폭을 넘어, 대한민국 금융의 격(格)이 어떻게 바뀌었는지를 보여주는 상징적인 이정표가 되었습니다.

이 장대한 랠리의 서막을 연 것은 정부가 강력하게 추진한 '기업 밸류업 프로그램'이었습니다. 자산은 많지만 주가는 장부가치에도 못 미치는 우리 기업들의 고질적인 문제를 해결하겠다는 정부의 의지에, KB금융은 국내 금융지주 중 가장 선제적이고 압도적인 대응으로 화답했습니다.

시장은 KB금융을 이 거대한 정책적 흐름의 최대 수혜주이자 모범생으로 지목했습니다. 특히 KB금융이 업계 최초로 발표한 구체적인 밸류업 로드맵은 투자자들에게 단순한 기대감을 넘어선 확신을 심어주었습니다. 기업의 이익을 주주들과 어떻게 나눌 것인지에 대한 예측 가능한 약속이 시장에 전달되자, 차갑게 식었던 투자 심리는 다시 뜨겁게 달아오르기 시작했습니다.

KB금융이 이토록 강력한 상승세를 이어갈 수 있었던 실질적인 체력은 실적입니다. 2025년 연간 순이익이 5.8조 원에 육박하며 사상 최대치를 경신하는 가운데, 은행의 견고한 이익은 물론 증권과 보험 등 비은행 부문까지 조화로운 성장을 이루어냈습니다. 특히 금리 인하 국면에서도 효율적인 자산 관리와 디지털 전환을 통해 수익성을 지켜낸 모습은 외국인 투자자들을 매료시키기에도 충분했습니다. 외국인 지분율이 70%를 훌쩍 넘어서며 글로벌 스탠더드에 걸맞은 평가를 받게 된 순간, KB금융은 더 이상 구시대적인 은행주가 아닌, 대한민국에서 가장 신뢰받는 가치 창출의 플랫폼으로 재정의되었습니다.

　삼성이 반도체로, 현대차가 로봇으로 미래를 그린 것처럼 KB금융은 '주주와의 신뢰'라는 가장 본질적인 가치로 증명했음을 알리는 승전보와 같습니다. 우리는 지난 1년여를 통해, 진정한 밸류업이란 단순히 주가를 부양하는 기술이 아니라 기업의 주인인 주주를 대하는 태도의 변화라는 진리를 목격했습니다. 이제 KB금융은 대한민국을 넘어 아시아를 대표하는 금융 브랜드로서 새로운 꿈을 향해 거침없는 행보를 이어가고 있습니다.

매도 기술로
이익을 확정하고
위험을 잘라라

왜 매도가 매수보다
10배 더 어려운가?

주식 투자의 여정은 설레는 만남(매수)과 가슴 아픈 이별(매도)의 연속입니다. 우리는 저마다의 이유로 수많은 종목과 인연을 맺습니다. 어떤 만남은 수익이라는 행복한 결말을 안겨주지만, 어떤 만남은 손실이라는 상처만을 남깁니다.

그런데 이상합니다. 일반적으로 우리는 만남의 기술에 관해서만 이야기합니다. "어떤 종목을 사야 하는가?", "언제 사야 하는가?"에 대해서는 밤을 새워 토론하면서도, 정작 "어떻게 잘 헤어져야 하는가?"에 대해서는 소홀한 경향이 있습니다.

투자의 세계에서 진정한 고수는 만남보다 매도의 기술에 능한 사람입니다. 증권가에 "매수는 기술이고, 매도는 예술이다"라는 오랜 격언이 있는 이유도 바로 그 때문입니다. 예술, 왜 하필 이토록 거창하고 모호한 단어를 썼을까요? 그것은 매도가 단순히 차트를 분석하고 버튼을 누르는 기술적 행위를 넘어, 인간의 가장 다루기 힘든 세 가지 감정 즉 탐욕, 공포, 그리고 미련과 정면으로 맞서 싸워야 하는 고도의 심리전이기 때문입니다.

어떤 고수는 "매도는 새처럼 하라"라고 경고하고, 또 어떤 전문가는 "손절매 못 하면 당장 시장을 떠나라"라고까지 합니다. 이 이별의 순간에 모든 투자의 성패가 갈린다는 것을 뼈저리게 알기 때문입니다.

왜 매도가 매수보다 10배, 아니 100배는 더 어려울까요? 매수 버튼을 누를 때 우리의 마음은 비교적 단순합니다. 희망과 기대감으로 가득 차서 "이 주식은 오를 것이다"라는 단 하나의 긍정적인 시나리오만 생각합니다. 하지만 매도 버튼 앞에서는 상황이 180도 달라집니다. 우리는 동시에 전혀 다른 두 개의 전쟁터에서, 전혀 다른 적들과 싸워야 합니다.

탐욕은 우리의 눈을 멀게 하고 합리적인 판단을 마비시키는 가장 달콤한 독입니다. 수익을 확정 짓는 행위는 필연적으로 아직 오지 않은 더 큰 미래의 수익을 포기해야 한다는 고통을 수반합니다. 아이러니하게도 인간의 뇌는 돈을 버는 것보다 더 벌 수 있었던 기회를 놓치는 것에 더 큰 아쉬움을 느끼도록 설계되어 있습니다.

매도 버튼을 누르는 행위는 나의 판단이 틀렸음을 공식적으로 인정하는 고통스러운 패배 선언이자, 본전 회복이라는 마지막 희망의 끈을 스스로 끊어버리는 잔인한 행위입니다. 인간의 뇌는 이 실패의 고통을 피하려고 온갖 비합리적인 자기 합리화(본전 생각, 막연한 희망)를 만들어내고, 결국 더 깊은 손실의 늪으로 우리를 끌고 들어갑니다.

이처럼 매도는 한쪽에서는 탐욕이라는 거인과 싸워야 하고, 다른 한쪽에서는 공포와 미련이라는 망령과 동시에 싸워야 하는, 극도로 어려운 심리 게임입니다. 매수는 하나의 적과 싸우면 되지만, 매도는 양쪽에서 협공해 오는 두 개의 다른 적과 싸워야 합니다. 이것이 바로 매도가 단순한 기술이 아니라 감정을 완벽하게 통제하고 다스려야 하는 예술의 경지라고 불리는 이유입니다.

그렇다면 우리는 어떻게 이 감정의 소용돌이 속에서 길을 잃지 않고 최선의 결정을 내릴 수 있을까요? 역설적이지만, 정답은 예술을 포기하는 것입니다. 매도 순간마다 나의 감정이나 직관에 의지하여 예술적인 판단을 내리려는 시도를 멈추고, 매수하기 전에 이미 정해놓은 냉철하고 기계적인 시스템과 원칙에 모든 결정권을 위임하는 것입니다.

진정한 매도의 예술가는 매 순간 감각적으로 플레이하지 않습니다. 그는 수천수만 시간의 훈련을 통해 가장 확률 높은 움직임을 몸에 각인시키고, 실전에서는 오직 그 훈련된 시스템에 따라 기계처럼 움직이는 최고의 군인과도 같습니다. 주식 투자를 하면 할수록 수없이 많은 매도의 순간과 마주하게 될 것입니다. 그 순간의 감정에 휘둘리지 마십시오. 당신이 미리 세운 냉철한 원칙과 시스템을 믿으십시오. 그것만이 당신을 탐욕과 공포의 지배에서 해방시키고, 꾸준히 수익을 쌓아가는 진정한 매도의 예술가로 만들 것입니다.

목표 수익률을 정하고
기계처럼 실행하기

히말라야를 등반하는 산악인들은 정상에 오르기 전에 반드시 하는 일이 있습니다. 바로 "어디까지 오를 것인가"라는 등정 목표 지점과, "상황이 나빠지면 어디서 철수할 것인가"라는 비상 탈출 계획을 세우는 것입니다. 그들은 결코 "갈 수 있는 데까지 가보자"라는 막연한 객기로 산에 오르지 않습니다.

주식 투자도 마찬가지입니다. 그런데 우리 개인 투자자들은 어떻습니까? 온갖 희망에 부풀어 매수라는 이름으로 산의 초입에 들어서지만, 정작 가장 중요한 하산 지점에 대한 계획은 전혀 없이 등반을 시작합니다.

그러다 주가가 올라 +20%, +30% 수익이라는 8부 능선에 도달하면 약속이라도 한 듯 길을 잃고 맙니다. 탐욕의 속삭임에 이끌려 안개가 자욱한 미지의 정상으로 향하다가, 갑작스러운 시장 급락 속에 계좌가 박살 나는 비극. 이것이 바로 매도 기술이 없는 투자자의 전형적인 운명입니다.

이 비극을 막으려면 강력하고 단순한 도구, 즉 나만의 목표 수익률을 정하고, 감정이 아닌 시스템으로 기계처럼 실행하는 법을 배워야 합니다. 이것은 우리 수익을 평가이익이라는 신기루에서 내 통장에 찍히는 진짜 현금으로 바꾸는 가장 현실적이고 중요한 연금술입니다.

왜 우리는 정상을 눈앞에 두고 길을 잃을까요? 왜 수익이 나고 있을 때 파는 것이 그렇게나 어려울까요? 앞에서 그 원인이 탐욕이라는 것을 배웠습니다. 오래된 중국 우화인 '참새 잡는 아이' 이야기를 떠올려 봅시다. 아이는 새장에 여섯 마리의 참새가 들어왔을 때 문을 닫으려 했습니다. 하지만 열 마리를 채우자는 욕심을 부리는 순간 참새들은 한 마리씩 날아가 버렸고, 결국 그는 단 한 마리도 잡지 못한 채 울음을 터뜨렸습니다.

이 우화는 주식 시장의 모든 것을 말해줍니다. 우리가 +30%의 수익률에 도달했을 때, 우리의 뇌는 "30만 원을 벌었다"라고 기뻐하는 동시에, "상한가 한 번이면 30만 원을 더 벌 수 있는데, 지금 팔면 그 기회를 날려버리는 것이다"라고 속삭입니다. 인간은 이익을 얻는 기쁨보다 얻을 수 있었던 이익을 놓치는 고통, 즉 후회의 공포를 더 크게 느낀다고 합니다.

"팔고 나서 더 오르면 어떡하지?" 이 질문이야말로 우리의 손을 묶고, 냉철한 판단을 마비시켜 결국 그 아이처럼 모든 것을 잃게 만드는 가장 강력한 주술입니다. 이 주술을 깨뜨릴 유일한 방법은 처음부터 이성적으로 정해놓은 규칙에 나의 모든 결정권을 위임하는 것뿐입니다.

주식 투자를 하다 보면 수없이 많은 수익의 기쁨을 맛보게 될 것입니다. 하지만 그 기쁨을 온전히 나의 것으로 만드는 투자자는 "더 먹을 수 있었는데"라고 아쉬워하는 사람이 아니라, "이만큼이라도 먹었으니 감사하다"라고 말하며 원칙에 따라 수익을 확정 짓는 사람입니다.

탐욕을 버리고 원칙을 선택하십시오. 예술적인 감각을 믿지 말고, 과학적인 시스템을 구축하십시오. 목표 수익률을 정하고, 그 목표가 달성되면 욕심이 아니라 냉철한 판단으로 수익을 확정해야 합니다.

분할매도로 수익은
극대화하고 후회 줄이기

앞에서 매도가 왜 그토록 어려운지, 그리고 주가의 꼭지를 알리는 위험 신호는 무엇인지를 배웠습니다. 그래도 머릿속은 온통 딜레마로 가득 차 있습니다.

"목표 수익률에 도달하면 원칙대로 팔아야 하는데, 혹시 더 날아가 버리면 어떡하지?"

"고점 징후가 보이는 것 같아 팔아야 하는데, 더 오르면 배 아파서 어떡하지?"

이처럼 매도의 순간, 우리의 마음은 수익 확정이라는 안도감과 추가 상승 기회 상실이라는 후회 사이에서 지독한 시소게임을 벌입니다. 이 심리적 외줄타기에서 균형을 잡지 못하면 결국 탐욕에 굴복해 팔아야 할 때를 놓치거나, 공포에 질려 너무 일찍 파티장을 떠나는 실수를 반복하게 됩니다.

이 딜레마를 해결할 방법은 없을까요? 전량 매수 아니면 전량 매도라는 극단적인 흑백논리에서 벗어나 수익과 기회를 모두 잡는 제3의 길은 없을까요? 있습니다. 프로 투자자들이 자신의 감정을 통제하기 위해 사용하는 가장 정교하고 현명한 기술은 바로 '분할매도'입니다.

이것은 단순히 물량을 나누어 파는 기술적 행위가 아닙니다. 탐욕과 후회라는 두 마리 괴물을 동시에 잠재우고, 수익을 안정적으로 쌓아 올리면서도 추가 상승의 가능성까지 열어두는 최고의 심리 관리 예술입니다. 오늘 우리는 이 분할매도의 마법을 완벽하게 우리 것으로 만들어, 더 이상 매도의 순간마다 고통받지 않는 평온한 투자자로 거듭날 것입니다.

분할매도가 그토록 강력한 이유는, 인간의 비합리적인 심리를 역이용하여 우리를 더 합리적으로 행동하도록 만들기 때문입니다. 1,000만 원을 투자해 30%의 수익이 나서 계좌 잔고가 1,300만 원이 되었다고 상상해 봅시다. 이때 단순히 물량을 절반으로 나누는 것만으로 손실에 대한 고통은 급격히 줄이고, 추가 상승을 기다릴 수 있는 인내심은 극적으로 키울 수 있습니다. 이처럼 분할매도는 비합리적인 우리의 뇌를 속여 더 나은 결정을 내리도록 유도하는 정교한 심리 전략입니다.

그렇다면 언제, 어떻게, 얼마나 나누어 팔아야 할까요? 정답은 없습니다. 하지만 주식 투자에서 "무릎에 사서 어깨에 판다"라는 격언은 진리입니다. 분할매수가 무릎을 찾는 기술이라면, 분할매도는 미련 없이 어깨에서 내려오는 최고의 기술입니다. 머리 꼭대기(최고가)를 탐하지 마십시오. 가장 맛있는 몸통 부분을 안전하게 그리고 꾸준히 먹는 지혜. 그것

이 바로 분할매도라는 예술이며, 코스피 5,000 시대에 당신을 평범한 개
미에서 부유한 농부로 바꿔줄 가장 위대한 수확의 기술입니다.

이익 실현은 언제나,
예외 없이 옳다

지금 여러분의 HTS 계좌에 선명하게 찍힌 '+5,000,000원'이라는 빨간 숫자를 보고 있다고 상상해 보십시오. 생각만 해도 심장이 뛰고 입가에 미소가 번집니다. 어쩌면 스스로가 대견하고, 투자의 세계가 아름다워 보일지도 모르겠습니다. 그런데 좀 불편한 질문을 하나 해보겠습니다.

"그 500만 원, 정말 당신의 돈이 맞습니까?"

아마 대부분은 "당연하죠!"라고 대답할 겁니다. 하지만 투자의 세계에서 잔뼈가 굵은 고수들은 고개를 저으며 이렇게 말할 겁니다.

"아니, 그것은 아직 당신의 돈이 아니지. 시장이 잠시 당신에게 맡겨놓은 사이버 머니일 뿐이야."

주식 시장에서 가장 중요한 진리이자 가장 실천하기 어려운 원칙. 그것은 바로 "이익 실현은, 언제나, 예외 없이 옳다"라는 것입니다.

수익이라는 단어는 두 가지 의미를 가집니다. 하나는 계좌에 찍힌 미실현 이익 즉 '평가수익'이고, 다른 하나는 매도 버튼을 눌러 당신의 실제 은행 통장에 입금된 '확정수익'입니다. 전자는 언제든 사라질 신기루와 같지만, 후자는 그 누구도 빼앗을 수 없는 견고한 자산입니다. 주식 투자로 쌓아 올릴 부의 크기는 얼마나 높은 평가수익률을 구경했느냐가 아니라, 얼마나 많은 확정수익을 당신의 금고로 차곡차곡 옮겼느냐에 의해 결정됩니다.

이익을 실현하는 행위가 왜 그토록 어려울까요? 인간의 뇌는 아주 비합리적인 방식으로 후회를 경험하도록 설계되었기 때문입니다. 투자자는 실제 돈을 잃었을 때보다 고점에서 매도하지 못한 상황에서 더 큰 정신적 고통을 느낍니다. "아, 가만히 있었으면 수백만 원을 더 버는 건데! 내가 바보 같은 짓을 했어!"라며 며칠 밤낮으로 잠을 설치며 자책합니다.

실제로 돈을 잃는 리스크보다 더 벌 수 있었던 기회를 놓치는 리스크를 더 두려워합니다. 이 비합리적인 공포 때문에 손에 잡히는 확실한 이익을 포기하고, 불확실한 미래의 더 큰 이익에 계속해서 베팅하는 도박사의 길을 선택하게 되는 것입니다.

어떻게 이 심리적인 함정에서 벗어날 수 있을까요? 고수들의 해법은 놀라울 정도로 단순하고 기계적입니다. 그것은 바로 이익 실현을 시스템화하고 습관화하는 것입니다. 그들은 이익 실현을 감정적인 결단의 영역에 두지 않고, 월급날 은행에 가는 것처럼 당연한 루틴의 영역에 둡니다.

“수익은 줄 때 챙겨라”라는 증시 격언은 단순하지만 위대한 진리입니다. 시장은 자비롭지 않습니다. 오늘 당신에게 허락된 수익이 내일도 그 자리에 있으리라는 보장은 그 어디에도 없습니다.

부디 평가이익이라는 신기루에 취해 진짜 내 돈을 만드는 습관을 미루지 마십시오. 작은 수익이라도 꾸준히 확정 짓고, 그것을 당신의 삶을 풍요롭게 하는 데 사용하십시오. 눈덩이를 굴리려면 일단 내 손안에 단단한 첫눈이 있어야 합니다. 이익 실현이야말로 당신의 부를 쌓아 올릴 가장 단단하고 확실한 첫눈 뭉치가 될 것입니다.

손절매는
끝이 아니라 시작이다

주식 투자에서 실패란 무엇일까요? 대부분은 HTS 계좌에 찍힌 파란색 마이너스(-) 숫자를 실패라고 생각합니다. 그래서 그 뼈아픈 숫자를 외면하고 인정하지 않으려 애씁니다. "언젠가는 오르겠지"라는 희망 회로를 돌리며, 곪아 터지고 있는 상처를 애써 못 본 척합니다.

하지만 오늘은 그 고통스러운 상처를 정면으로 마주하고, 그 안에 담긴 위대한 지혜에 관해 이야기하고자 합니다. 주식 투자에서 진정한 실패는 손실 그 자체가 아닙니다. 진짜 실패는 작은 손실을 인정하지 못하고 통제 불가능한 재앙으로 키우다가 결국 시장에서 영원히 퇴출당하는 것입니다.

손절매는, 그 실패를 막기 위해 우리 같은 평범한 투자자가 휘두를 수 있는 유일하고도 강력한 생존 도구입니다. 고수들이 "손절매 못 하면 당장 시장을 떠나라", "첫째도, 둘째도, 셋째도 손절매"라고 부르짖는 이유가 바로 여기에 있습니다.

왜 이토록 손절매가 어려울까요? 그것은 우리가 손절매를 패배이자 실수라고, 즉 나의 자존심에 상처를 입히는 행위라고 잘못 인식하고 있기 때문입니다. 단순히 돈을 잃는 것을 넘어 세 가지의 심리적 저항과 싸워야 하기 때문이기도 합니다. 이 심리적 저항이 너무 강력한 바람에 누가 봐도 가라앉고 있는 배 위에서 "괜찮을 거야"를 외치며 침몰하는 순간까지 버티도록 만듭니다.

거듭 말하지만 고수들의 생각은 정반대입니다. 그들은 손실을 매몰비용으로 인식합니다. 이미 엎질러진 물, 즉 되돌릴 수 없는 과거의 비용으로 간주하고 의사결정 과정에서 완전히 배제해 버립니다. 그들에게 중요한 건 과거의 손실이 아니라 "지금 이 돈을 계속 이 배에 묶어두는 것이 최선인가? 아니면 이 돈을 빼내 더 빠르고 안전한 다른 배에 올라타는 것이 더 합리적인가?"라는 미래지향적인 질문뿐입니다.

손절머는 손실 난 종목을 잘라내는 행위가 아닙니다. 그것은 그 종목에 대한 당신의 잘못된 판단과 비합리적인 미련을 잘라내는 행위입니다.

그래도 어렵다면 이렇게 생각해 봅시다. 자동차 보험에 가입할 때 "나는 절대 사고가 안 날 텐데, 이 보험료가 너무 아깝다"라고 생각하며 분노합니까? 아닐 겁니다. 당신은 보험료를 비용으로 인식합니다. 혹시 모를 사고라는 최악의 상황으로부터 나의 소중한 자산을 지키기 위해 기꺼이 치르는 합리적인 비용 말입니다.

우리는 신이 아니기에 미래를 100% 예측할 수 없습니다. 아무리 철저하게 분석하고 확신에 차서 매수한 종목이라도, 전쟁, 금리 급등, CEO의 횡령 등 예상치 못한 악재로 추락할 가능성은 언제나 존재합니다.

손절매는 바로 이 '내가 통제할 수 없는 불확실성'에 대한 보험입니다. -5%, -7%의 작은 손실을 확정 짓는 것은, 내 계좌가 -50%, -70%로 추락해 회복 불가능한 상태에 빠지는 최악의 사고를 막기 위해 지불하는 가장 저렴하고 효과적인 보험료입니다.

결국 손절매의 성패는 결단력이라는 의지의 문제가 아니라, 시스템을 갖추고 있느냐의 문제입니다. 고통스러운 순간에 우리의 감정은 우리를 배신하기 때문입니다.

손절매는 결코 투자의 끝이 아닙니다. 그것은 새로운 시작을 위한 공간을 만드는 행위입니다. 썩은 과일을 도려내야 나무 전체가 건강해지듯, 가망 없는 종목을 정리해야 당신의 소중한 자본이 더 좋은 기회를 찾아 나설 수 있습니다.

코스피 5천 시대를 이끈 종목
키움증권

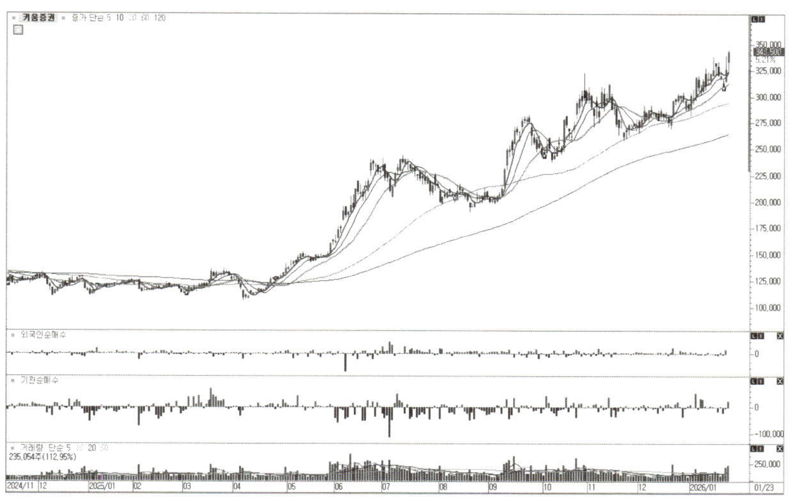

2025년 한 해 동안 대한민국 증시는 그 어느 때보다 뜨겁게 달아올랐습
니다. 그 중심에는 개인 투자자들의 영원한 동반자이자 시장의 문지기
역할을 해온 키움증권의 화려한 비상이 있었습니다. 2025년, 키움증권

은 무려 약 200%라는 경이로운 수익률을 기록하며 증권업종 내 독보적인 성장 스토리를 써 내려갔습니다. 이 숫자는 단순히 주가의 오름폭을 의미하지 않습니다. 키움증권이 어떻게 개미들의 성지를 넘어 기업 밸류업의 선두 주자로 거듭났는지를 보여주는 강렬한 기록이기도 합니다.

이 전례 없는 상승의 가장 큰 동력은 단연 증시 활황에 따른 거래대금의 폭발적 증가였습니다. 2025년 코스피가 4,000포인트를 넘어서더니 5,000을 향해 고공행진하면서 일일 거래대금이 30조 원을 가볍게 웃도는 날들이 이어졌습니다. 당연히 개인 위탁매매 시장의 압도적 1위인 키움증권의 금고에는 수수료 수익이 폭포수처럼 쏟아졌습니다.

특히 서학개미들의 미국 주식 열풍과 주간 거래 활성화는 키움증권에 '해외 주식 수수료'라는 강력한 제2의 엔진을 달아주었습니다. 2025년 3분기에는 분기 순이익이 3,000억 원을 돌파하는 등 매 분기 어닝 서프라이즈를 기록했고, 시장은 이 기업이 가진 파괴력을 다시 한번 경외어린 시선으로 바라보게 되었습니다.

하지만 키움증권이 엄청난 주가 상승을 일궈낸 진정한 비결은 실적 그 이상의 과감한 주주친화 행보에 있었습니다. 키움증권은 국내 증권사 중 가장 먼저 기업가치 제고(밸류업) 계획을 공시하며 시장의 신뢰를 얻었습니다. 2025년까지 당기순이익의 30% 이상을 주주에게 돌려주겠다는 약속을 지키기 위해, 기존에 보유하고 있던 자사주를 전량 소각하겠다는 파격적인 카드를 꺼낸 것입니다.

기업이 벌어들인 이익으로 주식을 사서 없애버림으로써 남은 주식의 가치를 높이는 이 방식은 외국인 투자자들의 매수 버튼까지 자극했습니다. 자사주 소각 소식이 들릴 때마다 주가는 계단을 뛰어오르듯 상승했

고, 이는 키움증권을 단순한 증권주가 아닌 '밸류업의 정석'으로 각인시
켰습니다.

2026년 3월 4일 초판 1쇄 인쇄
2026년 3월 11일 초판 1쇄 발행

지은이 | 유지윤
펴낸이 | 이종춘
펴낸곳 | (주)첨단

주소 | 서울시 마포구 양화로 127 (서교동) 첨단빌딩 3층
전화 | 02-338-9151
팩스 | 02-338-9155
인터넷 홈페이지 | www.goldenowl.co.kr
출판등록 | 2000년 2월 15일 제 2000-000035호

본부장 | 홍종훈
편집 | 주경숙
디자인 | 섬세한곰, 윤선미
전략마케팅 | 구본철, 차정욱, 오영일, 나진호, 강호묵
온라인 홍보마케팅 | 이지영
제작 | 김유석
경영지원 | 이금선, 최미숙

ISBN 978-89-6030-922-7 13320

BM 황금부엉이는 ㈜첨단의 단행본 출판 브랜드입니다.

황금부엉이에서 출간하고 싶은 원고가 있으신가요? 생각해보신 책의 제목(가제), 내용에 대한 소개, 간단한 자기소개, 연락처를 book@goldenowl.co.kr 메일로 보내주세요. 집필하신 원고가 있다면 원고의 일부 또는 전체를 함께 보내주시면 더욱 좋습니다.
책의 집필이 아닌 기획안을 제안해주셔도 좋습니다. 보내주신 분이 저 자신이라는 마음으로 정성을 다해 검토하겠습니다.